CATALOGUE

DE LA

BIBLIOTHÈQUE

DE FEU M. FOURNERAT

ANCIEN DÉPUTÉ DE MANTES ET ANCIEN MAGISTRAT.

JURISPRUDENCE. — MATHÉMATIQUES
BEAUX-ARTS — BELLES-LETTRES — HISTOIRE

Vente aux enchères publiques,

RUE DES BONS-ENFANTS, 28
(salle Sylvestre, n. 1),

A SEPT HEURES ET DEMIE DU SOIR,

Le Jeudi 22 Octobre et les 8 jours suivants.

M. DELBERGUE-CORMONT, *Commissaire-priseur,*
8, rue de Provence.

M. BACHELIN, *Expert,*
3, Quai Malaquais.

PARIS

LIBRAIRIE BACHELIN-DEFLORENNE

3, QUAI MALAQUAIS, 3
Au premier, près de l'Institut.

1868

CATALOGUE

DE LA

BIBLIOTHÈQUE

DE FEU M. FOURNERAT

CONDITIONS DE LA VENTE.

Il y aura, chaque jour de vente, **exposition**, de **2 à 4 heures**, des livres qui seront vendus le soir.

Les livres vendus devront être collationnés sur place, dans les vingt-quatre heures de l'adjudication. Passé ce délai, ou une fois sortis de la salle de vente, ils ne seront repris pour aucune cause.

Les acquéreurs payeront, en sus du prix d'adjudication, cinq centimes par franc, applicables aux frais.

Paris. — Imprimé chez Jules Bonaventure,
55, quai des Grands-Augustins.

CATALOGUE

DE LA

BIBLIOTHÈQUE

DE FEU M. FOURNERAT

ANCIEN DÉPUTÉ DE MANTES ET ANCIEN MAGISTRAT.

Vente aux enchères publiques,
RUE DES BONS ENFANTS, 28
(salle Sylvestre, n. 1),

A SEPT HEURES ET DEMIE DU SOIR,

Le Jeudi 22 Octobre et les 8 jours suivants.

M. Delbergue-Cormont, *Commissaire-priseur*,
8, rue de Provence.

M. Bachelin, *Expert*,
3, Quai Malaquais.

PARIS
LIBRAIRIE BACHELIN-DEFLORENNE
3, QUAI MALAQUAIS, 3
Au premier, près de l'Institut.

1868

ORDRE DES VACATIONS

1re *Vacation. Jeudi* 22 *octobre*.

Théologie............	1— 30.
Sciences philosophiques.	177— 279
Mathématiques.........	1519—1553.
Belles-Lettres.........	824— 883 *bis*.

2e *Vacation*. — *Vendredi* 23 *octobre*.

Jurisprudence.........	31— 83.
Sciences physiques......	280— 338.
Mathématiques.........	1554—1599.
Belles-Lettres.........	884— 935.

3e *Vacation*. — *Samedi* 24 *octobre*.

Jurisprudence.........	84— 176.
Sciences naturelles......	339— 406.
Mathématiques.........	1600—1642.
Belles-Lettres.........	936— 964.

4e *Vacation*. — *Lundi* 26 *octobre*.

Sciences physiques......	407— 472.
Beaux-Arts............	775— 820.
Mathématiques.........	1643—1680.
Belles-Lettres.........	965—1043.

5e *Vacation*. — *Mardi* 27 *octobre*.

Mathématiques.........	473— 553.
Belles-Lettres.........	1044—1062.
Mathématiques.........	1681—1772.
Histoire.............	1303—1350.

6ᵉ *Vacation.* — *Mercredi* **28** *octobre.*

Arithmétique..........   554— 631.
Belles-Lettres.......... 1063—1091.
Mathématiques.......... 1773—1834.
Histoire..............   1351—1408.

7ᵉ *Vacation.* — *Jeudi* **29** *octobre.*

Astronomie............   632— 731.
Belles-Lettres .... 1092—1161.
Mathématiques........ .. 1835—1869.
Histoire................   1409—1428.

8ᵉ *Vacation.* — *Vendredi* **30** *octobre.*

Gnomonique, etc........ ...   732— 774.
Belles-Lettres............ 1162—1210.
Mathématiques.......... 1870—1908.
Histoire................   1429—1475.

9ᵉ *Vacation.* — *Samedi* **31** *octobre.*

Belles-Lettres...... ..... 1241—1302.
Mathématiques.... .... 1909—1943.
Histoire................   1476—1518.

Nота. Il sera vendu, à la dernière vacation, environ 1000 volumes en lots.

Si les collections se recommandaient par l'ancienneté
de leur origine, et si cette ancienneté ajoutait quelque prix
à la valeur intrinsèque des volumes, la bibliothèque que
l'on vend ici serait sans contredit l'une des plus recom-
mandables. Commencée en 1793 par le savant M. Fournerat, à la fois littérateur, jurisconsulte et mathématicien
distingué, elle a été continuée par lui jusqu'en 1857, époque de sa mort. Ces trois facultés : mathématiques, jurisprudence et littérature, sont assez peu souvent cultivées
par la même intelligence, car il est dans la destinée de
chaque individu d'obéir à l'impulsion de ses goûts et à
l'éducation première vers laquelle l'esprit a été tendu. Si
les notes laissées dans la plupart des volumes de littérature et de droit sont précieuses, les amateurs auxquels
écherront sans doute quelques-uns de ces livres scientifiques ne seront pas peu surpris d'y trouver des indications,
d'immenses calculs, des rectifications d'erreurs, des ébau-
ches de travaux, qui leur prouveront que, pour avoir été
ignoré, M. Fournerat n'était pas indigne de siéger parmi eux.

Elève de de La Lande, M. Fournerat était devenu son
ami, et plus tard celui de Jérôme de La Lande, neveu du
célèbre astronome et membre de l'Institut. L'affection, on

peut dire le culte qu'il vouait à son ami, l'avait déterminé à acquérir une partie de ses livres scientifiques, la plupart chargés des notes, des manuscrits et des signatures de de La Lande.

Les provenances de tous les livres de la bibliothèque ont d'ailleurs un intérêt particulier, car on y trouve les manuscrits, les signatures, les estampilles, les armoiries, les correspondances des Cassini, Clairaut, Le Tellier de Courtanvaux, Montesquieu, Louis XIV, Louis XV, Louis XVI, Delambre, l'abbé Mignot, Voltaire, Duret de Noinville, etc., etc.; enfin, de tous les personnages marquants qu'il avait connus pendant sa longue carrière, et dont il avait été l'ami et le contemporain pendant trois quarts de siècle.

CATALOGUE

DE LA

BIBLIOTHÈQUE

DE FEU M. FOURNERAT

ANCIEN DÉPUTÉ DE MANTES ET ANCIEN MAGISTRAT.

THÉOLOGIE.

1. Alcoran (L') de Mahomet, trad. de l'arabe en françois par le sieur du Ryer. *La Haye, Ad. Moetjens,* 1683, pet. in-12, v. br., tr. dor. *Front. gravé.*

   Mouillé et reliure fatiguée.

2. Barelete (Frat. Gab.). Sermones. *S. l. n. d.,* in-8, v.

   Édition goth. à 2 col. Le dernier feuillet a été refait très-habilement.

3. Bible (La Sainte), traduite sur les textes originaux, avec les différences de la Vulgate. *A Cologne,* aux dépens de la *Compagnie,* 1739, pet. in-8, v. mar. 1 tom. en 2 vol. *Front. gravé par D. Picart.*

   Édition recherchée.

4. Holy Bible (The), translated out of the original tongues. *Oxford,* 1803, in-18, mar. rose, tr. dor.

5. Biblia Sacra Vulgatæ editionis, Sixti V et Clementis VIII. *Rhotomagi,* 1769, in-8, cartes, bas. marbrée.

6. Biblia Sacra Vulgatæ editionis, in tres partes divisa. *Parisiis, apud Franciscum Coustelier,* 1664, 3 part. en 2 vol. in-12, v. br. *Frontispices gravés, figures.*

7. Bonnet (C.). Recherches philosophiques sur les preuves du christianisme. *Amsterdam,* 1783, in-8, dem.-rel.

8. Bouchaud. Commentaire sur la loi des douze tables. *Paris,* 1803, 2 vol. in-4, dem.-rel.

9. **Calmet (D. Aug.).** Dictionnaire historique, critique, chronologique, géographique et littéral de la Bible. *Toulouse* et *Nismes*, 1783, 6 vol. in-8 (dont un de supplément), rel. bas. rac.

10. **Chorin (Isaac).** Le Suc de la théologie et Croyance du vray chrestien. *A Saint-Maurice, Joallin*, 1615, pet. in-8, vél.

11. **Culte catholique (Recueil de pièces sur le).** Dieu et les prêtres, par Silvain Maréchal. 1793.—La Fable de Christ dévoilée. 1793.—La Conjuration découverte; Siècle de la Raison. 1793. — Les Mystères de la Mère de Dieu dévoilés, par Villatte, etc., et six autres pièces sur les prêtres réfractaires et le clergé. En 1 vol. in-8, dem.-rel.

12. **Dévotion (La)** réconciliée avec l'esprit (par Le Franc de Pompignan, archevêque de Vienne). *Montauban, Teulières,* 1755, in-16, v. marb., fil. (*Aux armes.*)

13. **Dinouart (L'abbé).** L'Éloquence du corps, ou l'Action du prédicateur, ouvrage utile a tous ceux qui se disposent a parler. *Paris,* 1761, in-12, dem. rel. — Essai sur l'éloquence de la chaire, par l'abbé Besplas. *Paris,* 1778, in-12, dem.-rel.

14. **Discipline de l'Eglise** sur le mariage des prêtres (par Maultrot). *Paris,* 1790, in-8, dem.-rel.

15. **Discours sur les miracles de Jésus-Christ,** trad. de l'anglais de Woolston. XVIII° siècle, 2 vol. in-12, v. mar., fil.

    Attribué au baron d'Holbach et à Mirabeau.

16. **Dissertations sur l'union de la religion,** de la morale et de la politique, tirées d'un ouvrage de Warburton. *Londres,* 1742, 2 vol. in-12, v. écaille.

17. **Exposition de la doctrine du P. Berruyer** sur la divinité de Jésus-Christ. *Amsterdam,* 1755, in-12, v. marb.

18. **Grotius (Hugo).** De Veritate religionis christianæ. *Amsterdam,* 1709, in-12, v. f.

19. — Traité de la Vérité de la religion chrétienne. *Utrecht,* 1692, in-12, v. gr.

20. — Traité de la Vérité de la religion chrétienne, trad. par le Père Le Jeune. *Amsterdam,* 1728, in-12, dem.-rel., v. f., n. rog.

21. **Imitation de Jésus-Christ,** traduite et paraphrasée en vers français par P. Corneille. *Paris, Ant. de Sommerville,* 1659, in-12, v. rac., fil., *grav. et front. gravé.*

22. **Jousse.** Traité du gouvernement spirituel et temporel des paroisses. *Paris,* 1769, in-12, v. br.

23. **Kempis (Th. a).** De Imitatione Christi libri IV, ed. Her. Ros-

neydus. *Leidæ* et *Parisiis, apud C. Angot,* 1622, in-32,
v. f., dent., tr. dor.

24. Office de la semaine sainte (L'), en latin et en français...,
à l'usage de madame la Dauphine et de sa maison. *Paris,*
1756, in-12, mar. r., larg. dent., tr. dor.

> Exemplaire aux armes de la princesse Marie-Josèphe de Saxe,
> dauphine de France.

25. Office propre à saint Charles Borromée, latin-françois,
dressé selon le breviaire et le missel de Paris. *Paris,* 1768,
in-12, maroq., large dent., tr. dor., *portrait.*

> Sur le titre on lit le nom de Fournerat, avocat.

26. Pastoret (De). Zoroastre, Confucius et Mahomet comparés
comme sectaires, législateurs et moralistes, etc. 1788, in-8,
dem.-rel., bas.

27. Pepin (Guill.). Sermonum Dominicalium totius anni.
Parisiis, Amb. Girault, 1545, pet. in-8, bas. (*Titre très-
fatigué.*)

28. Reyheri Samuelis Mathesis mosaica, sive Loca Pentateuchi
mathematica mathematice explicata, cum appendice aliorum
script. locorum mathematicorum. *Kiliæ Holsatorum,* 1679,
pet. in-4, *fig.*, rel. v.

> Rare. — Taché. — Curieuses figures.

29. Testament de Jean Meslier, curé d'Etrepigny. *Londres,
Cook,* — 1745. Examen de la religion, attribué à M. de St-
Evremond. Ens. un vol. pet. in-8, v. f.

> Copies manuscrites de deux ouvrages extrêmement rares. Le se-
> cond, dit une note de M. Fournerat, est de M. Lasserre. Le Parle-
> ment a condamné ce livre à être brûlé.

30. Traité des trois imposteurs. *Amsterdam,* 1776, in-12, dem.-
rel.

> Attribué au baron d'Holbach.

JURISPRUDENCE.

I. TRAITÉS GÉNÉRAUX.

32. Barbosæ (Aug.) S. V. D. Lusitani tractatus varii. *Lugduni,*
1660, in-fol., v. br. (*Armes.*)

33. Beccaria. Traité des délits et des peines. *Neufchatel,* 1797,
in-8, d.-rel.

34. Blackstone (W.). Commentaires sur les lois anglaises,

avec des notes par Ed. Christian, trad. de l'anglais par Chompré. *Paris*, 1822, 6 vol. in-8, d.-rel.

35. Boucher. Consulat de la mer, ou Pandectes du droit commercial et maritime. *Paris*, 1808, 2 vol. in-8, d.-rel.

36. Burlamagni. Du droit de la nature et des gens. *Yverdon*, 1766, 8 vol. in-8, v. m.

37. Commentaires sur l'esprit des lois de Montesquieu, suivis d'observations inédites de Condorcet. *Liège*, 1817, in-8, d.-rel.

38. Corvinius. Elementa juris civilis. *Amstelodami, apud Dan. Elzevirium*, 1654, pet. in-12, v. gr., fil., comp., tr. dor. *Front. gravé. (Exemp. réglé.)*

39. Des Essarts. Essai sur l'histoire générale des tribunaux des peuples tant anciens que modernes, ou Dictionnaire historique et judiciaire contenant les anecdotes, les jugements fameux, etc. *Paris*, 1798, 9 vol. in-8, dem.-rel., bas.

40. Droit des Gens : Wolf. Principes du droit de la nature et des gens, publié par Formey. *Amst.*, 1758, 3 tom. en 1 vol. in-12, dem.-rel. — Gérard de Rayneval. Institutions du droit de la nature et des gens. 1803, in-8, dem.-rel. Ens. 2 vol.

41. Essai sur l'histoire du droit naturel (par Hubner). *Londres*, 1758, 2 vol. in-8, v. m., fil., tr. dor.

42. Grotius (Hugo). De Jure belli ac pacis libri III. *Amstelœdami*, 1735, 2 vol. in-8, v. gr. *Front. gravé, portrait et titre gravé.*

43. Heinecii Elementa juris naturæ et gentium. *Genevæ*, 1744, in-4, dem.-rel., v.

44. Heinecii Recitationes in elementa juris civilis, secundum ordinem institutionum. *Vratislaviæ*, 1778, in-8, dem.-rel., mar. vert.

45. Heinecii Opusculorum variorum sylloge. *Halæ-Magdeburgicæ*, 1735, in-4, v. m.

46. Heinecii Dictata ad elementa juris civilis secundum ordinem institutionum adornata. *Berolini*, 1734, pet. in-8, dem.-rel.

47. Heinecius. Elementa juris civilis. 1738, in-8, v. m. — Elementa juris cambialis. *Francofurti*, 1756, in-8, dem.-rel., mar.

48. Laboulaye (Ed.). Histoire du droit de propriété foncière en Occident. *Paris*, 1839, in-8, dem.-rel. — Recherches sur le droit de propriété chez les Romains, par Giraud. 1838, 1 vol. seul paru, in-8, dem.-rel. Ens. 2 vol.

49. Lerminier. Introduction générale à l'histoire du droit. *Paris*, 1829, in-8, dem.-rel.

50. Montesquieu (La Politique de), ou Introduction à l'esprit des lois. *Paris, Desoer*, 1820, in-8, cart., n. rog. 5 *exempl. pap. vélin.*

51. — De l'Esprit des loix, nouvelle édition, corrigée par l'auteur. *Genève*, 1750, 3 vol. in-12, v. m.

52. Noodt (Caroli) jurisconsulti opera omnia. *Lugd.-Batavorum,* 1713, in-4, vél. cordé de Holl.

53. Sainte-Croix (De). Des Anciens Gouvernements fédératifs et de la législation de Crête. *Paris, an VIII,* in-8, dem.-rel.

54. Sande (Joan a). De diversis regulis juris antiqui commentarius, etc. *Lugd.-Batav.*, 1652, pet. in-12, v. br.

55. Struvii de Judiciis. *Ienæ,* 1680, in-4, v. fau.

56. Tractatus de finibus regundis civitatum, castrorum ac prædiorum, tam urbanorum quam rusticorum, auctore D. Hier. de Monte-Brixiano. *Lugduni*, 1573, pet. in-8, v. m.

57. Umeau (Joa.), antecessoris in Academia pictaviensis, de jure emphiteutico quæstiones legales et forenses. *Pictavis* et *Parisiis*, 1679, in-12, mar. rou., fil., comp., tr. dor. (*Deseuil.*)

58. Vicat (Phil.). Vocabularium juris utriusque ex variis ante editis, præsertim ex Alex. Scoti Kahl, B. Brissonii et Heinecii. *Neapoli,* 1760, 2 vol. (4 tom.) in-8, v. m.

II. DROIT ROMAIN.

59. Berriat Saint-Prix. Histoire du droit romain, suivie de l'Histoire de Cujas. *Paris*, 1821, in-8, dem.-rel.

60. Blondeau. Chrestomathie, ou Choix de textes pour un cours élémentaire du droit privé des Romains. *Paris*, 1830, in-8, dem.-rel.

61. Bouchaud. De l'impôt du vingtième et de l'impôt sur les marchandises chez les Romains, essais historiques. *Paris*, 1766, in-8, v. m.

62. — Recherches sur la police des Romains. *Paris, an VIII,* in-8, dem.-rel.

63. Corvinus (J.). Jurisprudentia Romana. *Amsterodami, ex off. Elzeviriana*, 1638, pet. in-12, v. gr., fil., tr. dor. (*Front. gr.*)

64. Dictionnaire latin et français de la langue des lois, tiré du 50me livre des Pandectes de Justinien, mises dans un nouvel ordre par Pothier et trad. par de Bréard-Neuville. *Paris*, 1807, 2 vol. in-8, dem.-rel., bas.

65. Heineccii jurisconsulti opera omnia. *Genevæ*, 1746, 5 vol. in-4, v. m.

66. Heineccii Gottl. Historia juris civilis romani ac germanici observationibus aucta J. Dan. Ritteri, etc. *Argentorati*, 1765, in-8, v. m.

67. Hugo. Histoire du droit romain, trad. de l'allemand par Jourdan. *Paris*, 1825, 2 vol. in-8. — Eléments du droit romain par Heineccius, trad. par Ch. Giraud. *Paris*, 1835, (tome Ier seul paru), in-8. Ens. 3 vol. in-8, dem.-rel.

68. Justiniani (D.) Institutionum lib. IV. *Lugduni*, 1607, pet. in-8, v. br.

69. Justiniani Institutionum libri IV. *Amstelodami*, 1642, pet. in-12, v. br. (*Front. gravé.*)

70. Justiniani (D.) sacratissimi principis Institutiones. *Parisiis, Herhan*, 1805, in-12, v. rac., tr. dor.

Jolie édition imprimée en rouge et en noir.

71. Justiniani Institutiones. 2 vol. in-4, v. br.

Copie latine du dernier siècle. *Manuscrit.*

72. Justiniani Imp. Institutionum juris civilis expositio methodica F. Lorry. *Parisiis*, 1777, 2 vol. in-12, dem.-rel.

73. Justinien. Institutes. — Traité des actions de Vinnius, trad. par Degouy et Tixier de la Chapelle. 18 0, in-8, dem.-rel.

74. — Institutes nouvellement expliquées par du Caurroy. *Paris*, 1832, 2 vol. in-8, dem.-rel. (*Le 1er vol. atteint d'humidité.*)

75. Muhlenbruck (C. F.) Doctrina Pandectarum. — Delectus legum. *Bruxellis*, 1838-1839, 2 vol. gr. in-8, dem.-rel.

76. Naudet. Des changements opérés dans toutes les parties de l'administration de l'empire romain sous les règnes de Dioclétien jusqu'à Julien. *Paris*, 1817, 3 part. en 1 vol. in-8, dem.-rel., v.

77. O'Heguerty, comte de Magnières. De la nature des biens des anciens Romains. *Paris*, 1769, in-12, dem.-rel.

78. Ortolan. Résumé de l'histoire de la législation romaine, suivi de l'explication historique des Institutes de Justinien. *Paris*, 1834, in-8, dem.-rel.

79. — Explication des Institutes de Justinien (3e examen). *Paris*, 1836, in-8, dem.-rel.

80. Savigny (De). Histoire du droit romain, traduite de l'allemand par Ch. Guenoux. *Paris, Mesnier*, 1830, 2 vol. in-8, dem.-rel.

81. Troplong. De l'Influence du christianisme sur le droit civil des Romains. *Paris*, 1843, in-8, dem.-rel.

82. **Walter.** Histoire de la procédure civile chez les Romains, trad. de l'allemand par Éd. Laboulaye. 1841, in-8, dem.-rel.

83. **Zimmern.** Traité des actions, ou Théorie de la procédure privée chez les Romains; trad. de l'allemand par L. Étienne. *Paris*, 1846, in-8, dem.-rel.

III. DROIT FRANÇAIS.

84. **Actions, régime hypothécaire, etc.** : Traité des rentes foncières, par Fœlix et Henrion. 1828.—Traité des actions, par N... 1817.— Traité des actions possessoires, par Aulanier. 1829. — Régime hypothécaire, par Persil. 1809. Ens. 4 vol. in-8, rel.

85. **Aguesseau** (Œuvres du chancelier d'), nouvelle édition, publiée par M. Pardessus. *Paris*, 1819, 16 vol —Histoire de sa vie et de ses ouvrages, par A. Boullée. *Paris*, 1835, 2 vol. in-8, 2 portraits. Ens. 16 vol., in-8, dem.-rel.

86. **Bernardi.** De l'Origine et des Progrès de la législation française, ou Histoire du droit public et privé de la France. *Paris*, 1816, in-8, dem.-rel.—Principes des lois criminelles. 1788, in-8, dem.-rel. Ens. 2 vol.

87. **Berriat Saint-Prix.** Cours de procédure civile. *Paris,* 1811, in-8, dem.-rel.

88. **Bourdin** (La Paraphrase de M. Gilles) sur l'ordonnance de 1539, trad. de latin en françois. *Paris, J. Borel*, 1578, pet. in-8, v. gr.

89. **Bousquet.** Dictionnaire des prescriptions. 1838, in-8.—Vazeilles. Traité des prescriptions. *Paris*, 1824. Ens. 2 vol. in-8, dem.-rel.

90. **Carbon et Pechard.** Formulaire, ou Modèles d'actes. *Paris*, 1808, 2 vol. in-8. — Bilhard. Traité des Référés en France. 1834, in-8, dem.-rel., v. Ens. 3 vol.

91. **Carnot.** De l'Instruction criminelle. *Paris*, 1812, 2 vol. in-4, v. rac.

92. — Commentaire sur le Code pénal. *Paris*, 1823, 2 vol. in-4, dem.-rel.

93. **Chabrol.** Coutumes générales et locales de la province d'Auvergne, avec les notes de M. Ch. du Moulin. *A Riom*, 1784, 4 vol. in-4, v. m. (*Bel exempl.*)

> Ces coutumes sont d'un grand intérêt pour l'histoire des anciennes familles seigneuriales de l'Auvergne.

94. **Chassan.** Traité des Délits et Contraventions de la parole, de l'écriture et de la presse. 1837, in-8, dem.-rel.

95. Chauveau (Adolphe). Principes de juridiction et de compé-
tence administratives. *Paris,* 1841, 3 vol. in-8, dem.-rel.

96. Chauveau (Ad.) et Faustin (Hélie). Théorie du Code pénal.
Paris, 1842, 8 vol. in-8, dem.-rel.

97. Codes : Les Six Codes. *Paris,* 1828, in-8. — Codes civil, de
commerce, de procédure civile. 1816 et 1825, in-8.—Codes
français réunis. 1842, in-8, dem.-rel.

98. Code d'instruction criminelle et Code pénal, par Grattier.
1834.—C. Ritt. Code criminel de la presse et Code forestier.
1816-1835. Ens. 2 vol. in-8, dem.-rel.

99. Colas de La Noue. Jurisprudence de la Cour royale d'Orléans. *Paris,* 1826, 2 vol. gr. in-8, dem.-rel.

100. Contrats : Instruction facile sur les contrats de mariage,
par Dard. 1810, in-8. — Traduction des titres VI et VII des
Fragments d'Ulpien, de Jure Dotum, etc. 1838. — De Con-
tractuum innominatorum indole ac natura, etc. *A Alb.
Erxleben,* 1835, in-8. Ens. 3 vol. in-8, dem.-rel.

101. Coquille (Guy), Sr de Romenay. Institution au droit françois. *Paris,* 1630, in-8, vél.

102. Cormenin (De). Questions de Droit administratif, 3ᵉ édit.
Paris, 1826, 2 vol. in-8, dem.-rel., v. ant.

103. Cotelle. Cours de Droit français. *Paris,* 1814, 2 vol. in-8,
dem.-rel.

104. Daunou. Essai sur les garanties individuelles que réclame
l'état actuel de la société. *Paris,* 1819, in-8, dem.-rel.

105. Divers : Guichard. Jurisprudence communale et municipale,
1820, in-8.—Collection des jugements du Palais de Paris. *An XI,*
in-8. — Les Eléments de la Jurisprudence, par Fieffé-Lacroix.
Metz, 1807, in-8. — Traité des Assurances terrestres, par
Quenault, 1828, in-8. — Commentaire sur la loi du 22 fri-
maire *an VII,* in-8. Ens. 5 vol. in-8, dem.-rel.

106. Dupin. Code du commerce de bois et de charbon pour
l'approvisionnement de Paris. *Paris,* 1817, 2 vol. in-8, dem.-
rel., v. fau.

107. Duquenel. Lois municipales, rurales, administratives et
de police, depuis 1789 jusqu'à la fin de 1830. *Paris,* 1830,
2 vol. in-8, dem.-rel.

108. Duranton. Traité des contrats et des obligations en général, suivant le Code civil. 1819, 4 vol. in-8, dem.-rel. v. vert.

109. Duval. Le Droit dans ses maximes. 1837, in-8.—Berriat-
Saint-Prix. Cours de Droit criminel. 1817, in-8. —Principes
du Droit civil privé, par Perreau. 1805, in-8. Ens. 3 vol.,
dem.-rel.

110. Duvergier. Collection complète des lois, décrets, ordonnances, règlements et avis du Conseil d'État, de 1788 à 1867 inclus. *Paris*, 1824-67, 67 vol. in-8, dem.-rel., les 2 derniers brochés ; plus la table 1789 à 1830, 2 vol. in-8, dem.-rel. Ens. 69 vol. (*Bon exempl.*).

111. Esprit du Code Napoléon, par Locré. *Paris*, 1805-1814, 7 vol. in-8, dem.-rel.

112. Furgole. Œuvres complètes. 1775, 8 vol. in-8, v. m.

113. Faustin (Hélie). Traité des Procès-Verbaux en matière de délits et de contraventions. *Paris*, 1839, in-8, dem.-rel. — Réquisitoire prononcé les 1er, 2, 3, 4 et 5 août 1810, dans le procès entre le procureur impérial et M. Herbelin, notaire, et autres. 1810, in-8, dem.-rel.

114. Fouet de Conflans. Esprit de la Jurisprudence sur le Code civil.—Des Successions. *Paris, Renouard*, 1842, 1 v. gr. in-8, dem.-rel.

115. Fournel. Histoire des avocats au parlement et du barreau de Paris, depuis saint Louis jusqu'au 15 octobre 1790. *Paris*, 1813, 2 vol. in-8, dem.-rel.

116. — Les lois rurales de la France. *Paris*, 1819, 3 vol. in-8, dem.-rel., v.

117. Garnier. Régime ou traité des rivières et cours d'eau de toute espèce, salines et manufactures insalubres. *Paris*, 1825, 2 vol. in-8, dem.-rel., bas.

118. — Traité des chemins de toutes espèces. *Paris*, 1823, in-8, dem.-rel.

119. Gaschon. Code diplomatique des Aubains, ou droit conventionnel entre la France et les autres puissances, etc. *Paris*, 1818, dem.-rel.

120. Goubeau de la Bilenerie. Traité des exceptions en matière de procédure civile. 1823.—Carrier. Traité des obligations. 1818. — Rolland de Villargues. Des substitutions prohibées. 1821. Ens. 3 vol. in-8, dem.-rel.

121. Grenier. Traité des hypothèques. *Clermont-Ferrand*, 1829, 2 vol. in-4, dem.-rel.

122. Grimaudet (Fr.), avocat au siège d'Angers. Paraphrases des droits, des usures et contrats pignoratifs. — Des causes qui excusent de dol. *Paris, de Marnef*, 1585, in-8, v. br. (*Armes.*)

123. Guichard. Manuel de la police rurale et forestière de la chasse et de la pêche. 1829. — Dissertation sur la propriété des arbres des grandes routes et des chemins vicinaux, par le même. 1829, 2 vol. en un, in-8, dem.-rel.

124. Guilhon. Traité des donations entre-vifs. *Toulouse*, 1818, 3 vol. in-8, dem.-rel.

125. Henrion de Pansey. Du pouvoir municipal et des biens communaux. *Paris*, 1822, in-8, dem.-rel., bas.

126. Histoire du barreau de Paris pendant la Révolution. *Paris*, 1816, in-8, dem.-rel.

127. Hypothèques : De la nécessité de perfectionner la législation hypothécaire, par Hua. 1812. — Des priviléges et des hypothèques, par Colelle. 1820.—Priviléges et hypothèques, par Collas. 1839. Ens. 3 vol. in-8, dem.-rel.

128. Jourdheuil. Traité des baux et visites de toute espèce d'usine. 1827, in-8. — Chabert. De la garantie des animaux, d'après le Code civil. 1805, in-8, dem.-rel.

129. Justice de paix, huissiers : commentaire de la loi sur les justices de paix, par Masson fils, 1838. — Manuel des justices de paix, par Levasseur, 1828. — Manuel des frais de justice, par G. Dubourgneuf, 1824. — Manuel de l'exploit, 1829. — Formulaire des Huissiers, par D., 1824. Ens. 5 vol. in-8, dem.-rel.

130. Leber. Histoire critique du pouvoir municipal, de la condition des cités, des villes et des bourgs, depuis l'origine de la monarchie jusqu'à nos jours. 1828, in-8, dem.-rel.

131. Mangin. Traité des minorités, tutelles et curatelles. 2e édit. *Paris*, 1842, 2 vol. in-8, dem.-rel. , v.

132. — Traité de l'action publique et de l'action civile en matière criminelle. *Paris*, 1837, 2 vol. in-8, v. rac.

133. Manuel des agents de change et des courtiers de commerce. *Paris*, 1823, in-8, dem.-rel.

134. Marchand. Code de la minorité et de la tutelle. 1835, in-8, dem.-rel.

135. Meyer. Principes sur les questions transitoires. *Amsterdam*, 1813, in-8. — Des contre-lettres, par Plasman. 1839, in-8. — Le même, 1re édit., 1822, in-8. Ens. 3 vol. in-8, dem -rel.

136. Moreau de Montalant. Analyse des pandectes de Pothier, en français. *Paris*, 1824, 2 vol. in-8, dem.-rel.

137. Morin (Achille). Dictionnaire du droit criminel. *Paris*, A. Durand, 1842, gr. in-8, dem.-rel.

138. Necker (Mme). Réflexions sur le divorce. *Paris*, 1802, in-8, dem.-rel.

139. Neuizanus (J.). Sylvæ nuptialis libri VI. *Lugd.-Batav.*, apud Ant. Vincentium, 1556, pet. in-8, vél.

140. Noirot. Traité des biens-fonds. 1843. — Okey. Droits et

priviléges des étrangers dans la Grande-Bretagne. 1831. — Introduction à l'étude du droit romain, par Etienne. 1825. Ens. 3 vol. in-12, dem.-rel.

141. Oudart. Essai sur l'organisation du jury de jugement et sur l'instruction criminelle, par Oudart. 1819, in-8, dem.-rel.

142. Pastoret (De). Des Lois pénales. *Paris*, 1790, 2 vol. in-8, dem.-rel.

143. Peckio (Petro). De jure sistendi, et manuum injectione. *Duaci*, 1578, in-12, v. fau. — Notæ Caroli Molinæi Geor. Louet Ant. Le Vaillant, circa rem beneficiariam a N. Sachot. 1723. Ens. 2 vol. in-12, v.

144. Perrin. Traité des nullités de droits en matière civile. *Lons-le-Saulnier*, 1816, in-8, dem.-rel.

145. Poncet. Traité des jugements. *Dijon*, 1822, 2 vol. in-8, dem.-rel.

146. Pothier. Traité de la communauté et de la continuation de communauté. 1763, in-4, v. m.

> Manuscrit de 300 pages. Bonne écriture du xviii° siècle. Sur la garde, on lit la note suivante : « Manuscrit qui fit partie de la bibliothèque de M. le comte Abrial. » C'est un premier essai, rédigé par Pothier, de son Traité de la communauté, qui a été publié avec d'assez amples augmentations en 1774, après sa mort. En comparant ce manuscrit avec les mêmes questions traitées dans l'ouvrage imprimé, on aperçoit des différences de rédaction qui peuvent être utiles à leur intelligence, etc.

147. Proudhon. Cours de droit français. *Dijon*, 1809, 2 vol. in-8. — Poncelet. Cours de droit (journal des cours publics). 1820-21, in-8. Ens. 3 vol. in-8, dem.-rel.

148. Rauter. Traité théorique et pratique du droit criminel français. *Paris*, 1836, 2 vol. in-8, dem.-rel.

149. Raynouard. Histoire du droit municipal en France. *Paris*, 1829, 2 tom. en 1 vol. in-8, dem.-rel.

150. Recueil : Essai sur le droit d'accroissement, 1834, par A. d'Hautmuille. — La mort civile en France, son origine, etc., par A. Renaud, 1843. — Traité entre la France et les puissances alliées (du 20 novembre 1815), en 1 vol. in-8, dem.-rel.

> La dernière pièce est très-intéressante.

151. Recueil de dissertations sur la contrariété des lois et coutumes, extraites de celles de Me Boullenois, ancien avocat au parlement. In-4, cart.

> Manuscrit du xviii° siècle de 314 pages, d'une belle écriture. Une note manuscrite indique qu'il provient de la bibliothèque de M. l'abbé Rive, bibliothécaire du duc de La Vallière.

152. Rondonneau. Répertoire général de la législation fran-

çaise depuis 1789 jusqu'au 1er janvier 1812. 1812, 2 vol. in-8, dem.-rel.

153. Richefort. Essai sur la paternité et la filiation sur le code civil. 1825. — De la filiation et de la paternité légitimes, par M. Delamalle. 1817; ens. 2 vol. in-8, dem.-rel.

154. Salviat. Traité de l'usufruit, de l'usage et de l'habitation. *Limoges*, 1816, 2 tom. en 1 vol. in-8, dem.-rel.

155. Servitudes. Pardessus. Traité des servitudes. 1806. — Des servitudes réelles, par Lalaure. 1827. — Manuel des justice de paix ou traité des servitudes foncières, par le Tribun Tarrible. 1806. Ens. 3 vol. in-8, dem.-rel.

156. Stilus supremæ curiæ parlamenti parisiensis cum annotationibus Car. Molinæi. *Parisiis*, 1551, in-4, rel. du temps.

> Exempl. portant la signature et des notes d'Antoine Le Conte, célèbre jurisconsulte né à Noyon, mort à Bourges en 1586.

157. Talon. OEuvres d'Omer et Denis Talon, avocats généraux au Parlement de Paris, publiées par D.-B. Rives. *Paris*, 1821, 6 vol. in-8, cart. à la Bradel, non rog.

158. *Testamens, Legs, Successions.* Traité des testaments, par Cotelle. 1807. — Séparation des patrimoines, par Blondeau. 1840. — De la propriété et de l'usufruit. 1837. — De la réserve en matière de succession, par Klecker. 1842. Ens. 4 vol. in-8, dem.-rel.

159. Tolozan. Règlement du conseil, précédé de l'explication des différents articles compris dans chacun des chapitres. *Paris*, 1786, in-4, v. m. (*Armes.*)

160. Toullier (C. B.). Le Droit civil français suivant l'ordre du Code Napoléon. *Paris, Néve*, 1811, tom. I-V, in-8, dem.-rel.

161. Traité des lois civiles (par Pilati de Tastulo). *A la Haye*, 1774, in-8, v. m., 2 part. en 1 vol.

162. Traité contenant la manière de procéder à toutes vérifications d'écritures, par de Blegny. *Paris*, 1698, in-12, v. f. fil.

> Exempl. aux armes de M. le président Bailleul, marquis de Chateaugontier, seigneur d'Etiolles, etc., à qui ce livre est dédié.

163. Trebuchet. Code administratif des établissements dangereux, insalubres ou incommodes. *Paris*, 1832, in-8, dem.-rel.

164. Usure (Traité de l'), par Petit. 1840, in-8, dem.-rel. — De l'usure, par Chardon. 1823, in-8, dem.-rel.

165. Vazeille. Traité du mariage, de la puissance maritale et de la puissance paternelle. *Paris*, 1825, 2 vol. in-8, dem.-rel.

IV. MÉLANGES DE JURISPRUDENCE.

166. Ayrault (M. Pierre). Opuscules et divers traictez. *Paris,* 1598, pet. in-8, v. br. (*Mouillures.*)

167. Barbosa. Principia et loci communes seu regulæ, tam decisionum, quam argumentorum, collecta. *Trajecti-ad-Rhenum,* 1651, in-8, vél.

168. Bellart, procureur général. OEuvres, mémoires et plaidoyers. — Réquisitoires et mélanges. *Paris,* 1827, 4 vol. in-8, dem.-rel.

169. Bonnet, ancien avocat au Parlement. Discours, plaidoyers et mémoires. *Paris,* 1839, 2 vol. in-8, dem.-rel.

170. Delamalle (Plaidoyers choisis et OEuvres diverses de M.). *Paris, Renouard,* 1827, 4 vol. in-8, dem.-rel. (*Portraits.*)

171. Discours des parties et Office d'un bon juge.—Des Douze Reigles de Jean Pic de la Mirandole.—De l'arrest mémorable du Parlement de Tolose, contenant une histoire prodigieuse. —De l'edict des mariages clandestins, par J. de Coras. *Lyon, Vincent,* 1605, pet. in-8, vélin.

Dissertation sur une cause célèbre jugée à Toulouse en 1559.

172. Gin. De l'Éloquence du barreau. *Paris, Hérissant,* 1768, pet. in-8, dem.-rel., v.

173. Linguet. Mémoires et Plaidoyers. *Amsterdam, Joly,* 1773, 7 vol. in-12, v. marb.

174. Necker. Du Pouvoir exécutif dans les grands États. *Paris, Aillaud,* 1842, in-8, dem.-rel., bas. verte.

175. Plaidoyer pour le syndic des créanciers des sieurs Lioney frères et Gouffre, négocians à Marseille, contre le général de la société des jésuites. 1761. — Mémoires sur les demandes formées contre la société des jésuites. En 1 vol. in-12, v. m.

176. Raynal (G.-Th.). Des Assassinats et des Vols politiques. *Londres,* 1795, in-8, dem.-rel.

SCIENCES ET ARTS.

I. SCIENCES PHILOSOPHIQUES.

A. PHILOSOPHIE. — MORALE.

177. Alibert (J.-L.). Physiologie des passions, ou Nouvelle Doctrine des sentiments moraux. *Paris, Bechet,* 1825, pap. vergé, 2 vol. in-8, dem.-rel., bas. rou.

> Orné de figures en taille douce.

178. Ami des femmes (L'), par Boudier de Villemert. *S. l.,* 1758, in-12, br.

179. Ampère (André-Marie). Essai sur la philosophie des sciences, ou Exposition analytique d'une classification naturelle de toutes les connaissances humaines. *Paris, Bachelier,* 1834, in-8, dem.-rel., bas. rouge.

180. Analyse raisonnée de la sagesse de Charron. *Amsterdam, Rey,* 1763, 2 part. en 1 vol., pet. in-12, v. marb.

181. Batteux (L'abbé). Histoire des causes premières. *Paris,* 1769, in-8, v. m.

182. Bodin (J.). Les Six Livres de la République. *S. l.,* 1577, pet. in-8, v. marb. (*Court de marge sup., mais le texte n'est pas atteint.*)

> Cette deuxième édition est assez rare.

183. Tonnet (Ch.). Essai analytique sur les facultés de l'âme. *Copenhague,* 1769, 2 vol. in-8, dem.-rel.

184. Bordas Demoulin. Le Cartésianisme, ou la véritable rénovation des sciences, in-8, dem.-rel.

185. Boscovich (Rog.-Jos.). Theoria philosophiæ naturalis, redacta ad unicam legem virium in natura existentium. *Venetiis,* 1743, in-4, fig., dem.-rel., v.

> Exempl. portant la signature de Guyton de Morveau.

186. Bouhours. Les Entretiens d'Ariste et d'Eugène. *Amsterdam, Pierre Mortier,* 1708, in-12, v. fau. (*Front. gravé.*)

187. Burigny (de). Histoire de la philosophie payenne, ou Sentimens des philosophes et des peuples payens les plus célèbres. *La Haye,* 1724, 2 vol. in-12, v. br.

188. Cabanis. Rapports du physique et du moral de l'homme; 2e édit. 1805, 2 vol. in-8, dem.-rel.

189. Castoiement (Le), ou Instruction du père à son fils (par Pierre Alphonse) *Lauzanne*, 1760, pet. in-8, v. marb.

> Ouvrage singulier et fort curieux.

190. Carnot. Réflexions sur la métaphysique, ou Calcul infinitésimal ; seconde édition. *Paris*, 1813, in-8, dem.-rel.

> Ouvrage remarquable et l'un des meilleurs publiés en ce siècle sur la philosophie mathématique.

191. Changeux. Traité des Extrêmes ou Éléments de la science de la réalité. *Amsterdam*, 1767, 2 vol. in-12, v. m., fil.

192. Charron (P.) De la Sagesse, réimprimé sur la vraye copie de Bourdeaux. *Paris, J. Le Gras*, 1664, in-12, mar. r., fil. et coins, tr. dor. (*Anc. rel.*)

193. Chastellet (Mme du). Principes mathématiques de la philosophie naturelle. *Paris*, 1759, 2 vol. in-4, fig., rel. v.

> Très-bel exempl. portant l'estampille de La Condamine, et dans lequel on a mis un beau portrait de madame du Chastelet, de Monnet, et un portrait de Newton, gravé par Tardieu. — Sur les gardes du vol. on lit : Acheté le 16 may 1774, à la vente de La Condamine, 39 fr.

194. Cicéron. Les Offices, trad. par de Barrett. *Paris, Barbou*, 1776, in-8, v. marbr.

195. — Les livres de la Vieillesse, de l'Amitié, les Paradoxes, le Songe de Scipion, lettre politique à Quintus, trad. de de Barrett. *Paris, Barbou, l'an III*, in-8, v. marb.

196. — Pensées, trad. par l'abbé d'Olivet. *Paris, Barbou*, 1787, in-8; v. marb.

197. — La République, d'après le texte inédit récemment découvert et commenté par M. Mai, avec une traduction française et des dissertations historiques par M. Villemain. *Paris*, 1823, 2 vol. in-8, dem.-rel., v. ant., *fig. et fac-sim.*

198. — Entretiens sur la nature des dieux, trad. par l'abbé d'Olivet. *Paris, Gandouin*, 1749, 2 vol. in-8, v. marb.

199. — Entretiens sur la nature des dieux, trad. par M. l'abbé d'Olivet, avec des remarques de M. le Président Bouhier. *Paris*, 1732, 2 vol. in-12, v. f. (*Derome.*)

200. Combes-Dounous. Introd. à la Philosophie de Platon, trad. du grec d'Alcinoüs. *Paris, P. Didot, an VIII*, in-8, dem.-rel.

201. Comte (Auguste). Cours de philosophie positive. *Paris*, 1835-1842, tomes II, III, IV, 1re partie, et tomes V et VI. Ens. 5 vol. in-8 br.

202. Condillac (L'abbé de). Traité des sensations, à madame la comtesse de Vassé. 1754, 2 tom. en 1 vol. in-12, v. m.

203. Condorcet. Esquisse d'un tableau historique des progrès de l'esprit humain. *Brunsvic et Leipsic, Garat et Cabanis, an IX.*

204. Confidence philosophique (par J. Vernes). *Londres,* 1788, 2 tom. en 1 vol. in-8, bas.

205. Considérations sur l'esprit et les mœurs (par Senac de Meilhan). *Londres,* 1787, in-8, v. m.

206. Cumberland (Richard). Les loix de la nature expliquées, où l'on recherche et l'on établit, par la nature des choses, la forme de ces loix, leurs principaux chefs, leur ordre, leur publication et leur obligation. On y réfute aussi les Elémens de la morale et de la politique de Thomas Hobbes, trad. du latin par Barbeyrac. *Leyde, Haak,* 1757, in-4, dem.-rel. v. vert. (*Front. gr.*)

207. Descartes. Voyage du monde, nouvelle édition, augmentée d'une 5e partie, par le P. Daniel. *Paris,* 1702, in-12, v. br.

208. Discours de la méthode pour bien conduire sa raison et chercher la vérité dans les sciences, plus la Dioptrique, les météores et la géométrie (par Descartes). *Leyde, J. Maire,* 1637, in-4, fig., rel., v. f.

> Très-bel exempl. de l'édit. originale de ces quatre traités. Livre recherché qui a atteint le chiffre de 200 fr. dans les ventes. Voyez le *Manuel.* Notre exempl. porte l'estampille d'Edouard-Thomas Simon, bibliothécaire du tribunat, né à Troyes en 1740, mort en 1818.

209. Discussions importantes débattues au parlement d'Angleterre par les plus célèbres orateurs depuis 30 ans, trad. de l'anglais. *Paris,* 1700, 4 vol. in-8, bas.

210. Doutes sur différentes opinions reçues dans la société, par Mlle de Sommery. *Londres,* 1784, 2 tom. en 1 vol. in-18.

211. Dumas (Jean). Traité du suicide, ou du meurtre volontaire de soi-même. *Amsterdam,* 1773, in-8, dem.-rel.

212. Entretiens sur les sciences, dans lesquels on apprend comme l'on doit étudier les sciences (par Bernard Lamy de l'Oratoire). *Lyon, Certe,* 1706, in-8, dem.-rel., v.

213. Essais de philosophie ou étude de l'esprit humain, par P. Prevost. *Geneve, an XIII,* 2 vol. in-8, dem.-rel.

214. Euler (Léon). Lettres à une princesse d'Allemagne sur divers sujets de physique et de philosophie; nouvelle édit. revue et augmentée par J.-S. Labey. *Paris,* 1812, 2 vol. in-8, *fig. et portr.,* dem.-rel.

215. Formey. Histoire abrégée de la philosophie. *Amsterdam,* 1760, in-12, v. m. (*Front. gravé.*)

216. Fregoso (Ant. Ph.). Le ris de Democrite et le pleur de Heraclite, philosophes, sur les follies et misères du monde. *Paris, Corrozet,* 1542, pet. in-8, v. f., fil.

217. Freret. OEuvres philosophiques. *Londres,* 1776, in-fol., dem. rel.

218. Genuensis (Ant.) Elementorum artis logico-criticæ libri V. *Bassani,* 1779. — Facciolati (Jac.) logicæ disciplinæ Rudimenta. *Veneliis, apud J.-B. Albritium,* 1728. Ens. 1 vol. in-8, v. noir, fil. comp., tr. dor. (*Rel. fat.*)

219. Gravesande. OEuvres philosophiques et mathématiques rassemblées et publiées par J.-N. Seb. Allamand. *Amsterdam,* 1774, 2 part. en 1 vol. in-4, dem.-rel., non rog.

220. Grimaud de la Reynière. Réflexions philosophiques sur le plaisir, par un célibataire. 1783, br. in-8.

221. Helvetius. De l'Esprit. *Paris,* 1776, in-8, dem.-rel.

222. Huetiana, ou Pensées diverses de M. Huet, évêque d'Avranches. *Paris,* 1722, in-12, v. br.

223. Institutiones philosophicæ ad Scholarum usum accommodatæ, auct. F. Jacquier. *Veneliis,* 1784, 6 vol. pet. in-8, rel. en 3.

224. Institutions Leibnitiennes, ou Précis de la monadologie. *Lyon,* 1768, in-8, bas.

225. La Bruyère. Les Caractères, suivis des Caractères de Theophraste. *Paris, Lefèvre,* 1818, 2 vol. in-8, v. f., dent., portrait. (*Très-jolie reliure.*)

226. La Rochefoucauld (Le duc de). Pensées, maximes et réflexions morales. *Paris,* 1777, in-12, v. m.

227. Lettres sur les mathématiques et l'enseignement (par Gustave Lambert). *Paris,* 1855, in-8, dem.-rel., v. r.

228. Locke. Essai philosophique concernant l'entendement humain, trad. par M. Coste. *Amsterdam,* 1742, in-4, v. m.

229. — Du Gouvernement civil, où l'on traite de l'origine, des fondemens, de la nature, du pouvoir et des fins des sociétés politiques, trad. de l'anglais. *Bruxelles,* 1754, in-12, v. m.

> Apologie de la révolution anglaise de 1688, et source du Contrat social de J.-J. Rousseau. (Note manuscrite.)

230. Mably. Entretiens de Phocion sur le rapport de la morale avec la politique. *Paris, Renouard, an XII-*1804, in-12, v. marbr., tr. dor. (*Portrait.*)

231. Maillet. Telliamed, ou Entretiens d'un philosophe indien avec un missionnaire françois sur la diminution de la mer, la formation de la terre, l'origine de l'homme, etc. *Basle,* 1749, in-12, v. m.

232. Malebranche. De la Recherche de la vérité. *Paris,* 1712, 4 vol. in-12, v. gr.

233. Maugras. Dissertation sur l'analyse en philosophie. 1806, in-8, dem.-rel.

234. Maupertuis. Ouvrages divers. Eléments de géographie. — Figures des astres. — Parallaxe de la lune. — Lettre sur la comète. *Amsterdam*, 1744, in-12, dem.-rel. (*Planches.*)

235 Mœurs (Les), par M. Toussaint. *S. l.*, 1748, in-12, v. m. (*Front. gravé.*)

236. Montaigne (Michel). Essais, donnés sur les éditions le splus anciennes et les plus correctes, avec des notes de P. Coste. *La Haye, Gosse*, 1727, 5 vol. in-12, v. rac., fil. (*Portrait.*)
Bonne édition.

237. — Essais, avec les notes de tous les commentateurs, et précédés de l'éloge de Montaigne, par Villemain. *Paris, Froment*, 1825, 8 vol. in-18, dem.-rel., v. ant. (*Portrait.*)

238. Muret (M.-A). Institutio puerilis. — Publ. Siry mimi, etc. *Patavii*, 1769, in-8, dem.-rel.

239. Newton (Elémens de la philosophie de), donnés par M. de Voltaire. *Londres*, 1738, in-8, maroq. rou., fil., tr. dor. (*Anc. rel., portrait.*)

240. Ouvrage d'un philosophe chinois, en langue chinoise ancienne, imprimé sur papier du pays. In-8, cart., n. rog.

241. Pascal. Les Provinciales, ou Lettres écrites par L. de Montalte, etc., avec les notes de Guill. Wendrock. *Amsterdam, la Compagnie*, 1767, 4 vol., pet. in-12, dem.-rel. v. ant. (*Bel exemplaire.*)

242. Paucton. Théorie des lois de la nature, ou la Science des causes et des effets. *Paris*, 1781, in-8, v. m. (*Planches.*)

243. Pellarin (Ch.). Essai critique sur la philosophie positive. Lettre à M. Littré (de l'Institut). *Paris*, 1864, in-8, br.

244. Pemberton. Elémens de la philosophie newtonienne, trad. de l'anglois. *Amsterdam* et *Leipzig, chez Arkstée et Merkus*, 1755, in-8, v. marb.
Orné de nombreuses figures. On a ajouté un portrait de Newton.

245. Pensées philosophiques (par Didérot). *La Haye*, 1746, in-12, dem.-rel., front. gravé. (*Titre mouillé.*)

246. Pensées de l'empereur Marc-Aurèle-Antonin, trad. du grec par M. de Joly. *Paris, Renouard, an XI-1803*, in-12, dem.-rel. v. rose.

247. Petavii (D.) Aurelianensis Rationarium temporum. *Parisiis*, 1663, in-12, v. br.

248. Philosophe (Le) sans prétention, ou l'Homme rare, ouvr. physique, chimique, politique et moral, dédié aux savants,

par M. D. L. F. (de la Folie, de l'académie de Rouen). *Paris, Clousier*, 1775, in-8, v. éc. fil., tr. dor. (*Front. gravé.*)

Précieux exemplaire d'un livre peu connu, auquel se trouve jointe une lettre de Voltaire, signée V., avec cachet portant ses armes, datée du 29 décembre 1775, château de Ferney, et adressée à l'auteur. Voltaire le remercie de l'envoi de son livre, et dit que « le malade de Ferney n'a d'autre prétention, à l'âge de 82 ans, que celle de mourir en paix. » On a aussi ajouté à cet exemplaire 8 pag. manuscrites : Eloge de Guillaume-Louis de Lafolie, négociant, ancien administrateur-trésorier de l'Hôtel-Dieu, officier des troupes bourgeoises, etc., né à Rouen le 11e jour de mars 1739.

249. Pornographe (Le), ou Idées d'un honnête homme sur un projet de règlement pour les prostituées. *Londres, Nourse*, 1769, in-8, dem.-rel., v. bleu.

250. Pufendorf (Le baron de). Les devoirs de l'homme et du citoyen, trad. par J. Barbeyrac. *Londres*, 1740, 2 vol. in-12, v. gr.

251. Rivarol. Pensées inédites. *Paris*, 1836, in-8, dem.-rel.

252. Rochefoucauld (De La). Réflexions, ou Sentences et Maximes morales, avec un examen critique par L. Aimé-Martin. *Paris, Lefèvre*, 1822, in-8, v. rac.

Belle édition sur papier vergé, ornée d'un très-joli portrait.

253. Sarti (Christophori) in Academia Pisana philosophiæ rationalis artis criticæ ac metaphysicæ P. P. dialecticarum institutionum libri II. *Paris.*, 1777, in-12, vél.

254. Sénèque (Le Philosophe). OEuvres traduites en français par Lagrange. *Paris, Debure*, 1778, 6 vol. in-12, v. m. (*Portrait.*)

255. — Traité des bienfaits; trad. par Dureau de Lamalle. *Paris*, 1776, in-12, v. m.

256. Sigonius et Alcyonus. Traité de la Consolation; trad. du latin par Morabin. 1753, in-12, v. m. (*Curieuse note bibliographique sur la garde du volume.*)

257. Sextus Empiricus. Les Hipotiposes, ou Institutions pirroniennes; trad du grec. 1725, in-12, v. rac.

258. Stanleio (Th.). Historia philosophiæ. *Lipsiæ*, 1711, in-4, vél. (*Taché d'humidité.*)

259. Thurot (J.-F.). De l'entendement et de la raison, introduction à l'étude de la philosophie. *Paris, André*, 1830, 2 vol. in-8, dem.-rel. v. rou.

260. Valperga de Caluso. Principes de la philosophie pour des initiés aux mathématiques. *Turin*, 1811, in-12, rel. v.

Bel exemplaire sur papier teinté.

261. Wolf (Chr.). La Logique, ou Réflexions sur les forces de l'entendement humain. 1744, in-8, v. m.

262. Wolf. Psychologie, ou Traité sur l'âme. 1756, in-12, v. m.

263. Zimmermann. De la Solitude; trad. de l'allemand par Mercier. *Paris*, 1788, in-8, v. jas., dent.

B. POLITIQUE, ÉCONOMIE POLITIQUE. — FINANCES, MONNAIES.

265. Abot de Basinghen. Tables des monnaies courantes dans les quatre parties de monde, avec leur valeur réduite aux espèces de France. *Paris, Lacombe*, 1767, petit in-8, v. gr.

266. Bouteroue (Claude). Recherches curieuses des monnoyes de France depuis le commencement de la monarchie. *Paris,* 1666, in-fol., dem.-rel. bas. (*Planches de monnaies.*

267. Carrion-Nisas fils. Principes d'économie politique. *Paris,* 1825, in-12, dem.-rel.

268. Dupré de Saint-Maur. Recherches sur la valeur des monnoies et le prix des grains avant et après le concile de Francfort (en 794, sous Charlemagne). *Paris,* 1762, in-12, v. m.

269. Galiani (L'abbé). Dialogues sur le commerce des bleds. *Londres,* 1770, in-8, dem.-rel.

270. Garnier (Le comte). Mémoire sur la valeur des monnaies de compte chez les peuples de l'antiquité. *Paris,* 1817, in-4, br.

271. Histoire philosophique et politique des établissements et du commerce des Européens dans les deux Indes. *Genève,* 1780, 10 vol. in-8, v. m., et *atlas.*

272. Letronne. Considérations sur l'évaluation des monnaies grecques et romaines, et sur la valeur de l'or et de l'argent avant la découverte de l'Amérique. *Paris,* 1817, in-4, br. — Observation en réponse (à l'ouvrage précédent). *Paris,* 1818, in-4, br. Ens. 2 vol.

273. Malthus. Essai sur le principe de population, trad. par P. Prevost. 1809, 3 vol. in-8, dem.-rel.

274. Raynal. Histoire philosophique et politique des établissements et du commerce des Européens dans l'Afrique septentrionale. Ouvrage posthume. *Paris,* 1826, 2 vol. in-8, d.-rel., *carte.*

275. Say (J.-B.). Catéchisme d'économie politique. *Paris,* 1815, in-12, dem.-rel. mar.

276. — Traité d'économie politique. *Paris, T.-A. Renouard,* 1814, 2 vol. in-8, v. rac., dent., tr. dor.

277. Smith (Adam). Recherches sur la nature et sur les causes de la richesse des nations. *Paris,* 1802, 5 vol. in-8, dem.-rel. v. v. (*Portrait.*)

278. Stuart (Gilbert). Tableau du progrès de la société en Europe. *Paris,* 1789, in-8, d.-rel., 2 tom. en 1 vol.

279. Wallace. Essai sur la différence du nombre des hommes dans les temps anciens et modernes, dans lequel on établit qu'il était plus considérable dans l'antiquité. *Londres, 1754,* in-12, v. m.

II. — SCIENCES PHYSIQUES.

280. Analyseos vulgaris usu (De) in re physica. *Parmæ,* MDCCLXI, 2 vol. gr. in-4, *fig.,* br.

Magnifique édition donnant un recueil de problèmes importants formés par le P. Belgrado, savant jésuite qui fit l'éducation du prince de Parme. Splendide portrait.

281. Antoni. Institutions physico-méchaniques à l'usage des écoles d'artillerie et du génie, trad. en français par M***. (Montrozard). *Strasbourg, Bauer et Treuttel,* 2 vol. in-8, cart. (*Titre racc.*)

282. Aristotelis Questiones mechanicæ recensuit et illustravit Joannes Petrus Van Cappelle. *Amstelodami,* 1812, in-8, *fig.*

Recherché et peu commun.

283. Bary (E.). Nouveaux Problèmes de physique. *Paris, 1838,* in-8, *fig.,* dem.-rel.

284. Bion. Traité de la construction des principaux instruments de mathématiques et de leurs usages. *Paris, 1752,* in-4, v. m. (*Portrait.*)

285. Biot (J.-B.). Traité de physique expérimentale et mathématique. *Paris,* 1816, 4 vol. in-8, *fig.,* dem.-rel. v.

286. Bossut. Traité d'hydrodynamique. *Paris,* 1786, 2 vol. in-8, *fig.,* br.

287. Bossut (Charles). Traité théorique et expérimental d'hydrodynamique. *Paris,* 1796, 2 vol. in-8, *fig.,* dem.-rel.

288. Bossut (L'abbé). Nouvelles Expériences sur la résidence des fluides, par MM. d'Alembert, le marquis de Condorcet et l'abbé Bossut. *Paris,* 1777, in-8, v. m., *fig.*

289. Camus (De). Traité des forces mouvantes pour la pratique des forces mouvantes. *Paris,* 1722, in-8, *fig.,* rel. v.

Ouvrage rare renfermant un fort bon traité de dynamique pratique.

290. Carnot (L.-N.-M.). Principes fondamentaux de l'équilibre du mouvement. *Paris,* 1803, in-8, *fig.,* rel. bas.

291. Chladni (E. F.). Traité d'acoustique (trad. de l'allemand par l'auteur). *Paris,* 1809, in-8, *fig.,* rel. bas.

292. D'Alembert. Réflexions sur la cause générale des vents. *Paris*, 1744, pet. in-4, rel. vél.

Recherché et peu commun. On y a joint un très-beau portrait de D'Alembert.

293. — Traité de l'équilibre et du mouvement des fluides. *Paris*, 1744, pet. in-4, *fig.*, rel. vél.

Provenant de la communauté de Saint-Nicolas-du-Chardonnet, à Paris.

294. — Traité de dynamique. *Paris*, 1796, in-4, dem.-rel., *planches.*

295. Euleri (Léon.) Mechanica, sive motus scientia analytica exposita. *Petropoli, e typ. acad. scient.*, 1736, 2 vol. in-4, *fig.*, dem.-rel. v.

Bel exemplaire de cet ouvrage recherché.

296. — Theoria motus corporum solidorum seu rigidorum. *Gryphiswaldœ*, 1790, pet. in-4, *fig.*, dem.-rel., v.

297. — Opuscula varii argumenti : 1° Solutio problematis mechanici de motu corporum tubis mobilibus inclusorum. — 2° Nova tabula astronomica motuum solis ac lunæ. — 3° Nova theoria lucis et colorum. *Berolini*, 1746, in-4, cart., non rog.

298. Fergusson (James). Lectures on select subjects an mechanics, hydraulics, hydrostatics, pneumatics, and optics, etc. *London*, 1793, 2 part. en 1 vol. in-8, *fig.*, rel. bas.

299. Fossombroni (Vittorio). Memoria sul principio del velocita virtuali. *Firenze*, MDCCXCVI, in-4, dem.-rel. vél.

C'est dans ce mémoire que, pour la première fois, le principe mécanique des vitesses virtuelles a été exactement démontré. Les exemplaires en sont très-difficiles à trouver. (Voir le *Manuel*.)

300. Francœur (L. B.). Traité élémentaire de mécanique, 4ᵉ édit. *Paris*, 1807, in-8, dem.-rel. •

301. Frisius (P.). Cosmographiæ et mathematicæ. — Motuum periodicorum. — De rotatione motu et phænomenis inde pendentibus. *Mediolani*, 1775, 2 part. en 1 vol. in-4, dem.-rel.

302. Galilée. Discorsi e dimostrazioni mathematiche intorno a due nuove scienze attenenti alla mecanica e ai movimenti locali del Galileo Galilée..., con una appendice del centro di gravita d'alcuni solidi. *Leida, gli Elzevirii*, 1638, in-4, *fig.*, rel. v. f., fatig.

« Les découvertes exposées et développées dans cet ouvrage de Ga-« lilée, sont aujourd'hui la partie la plus solide et la plus riche de la « gloire du grand homme. » (Lagrange, *Méc. analyt.*)

303. — Les nouvelles pensées de Galilée, où il est traité de la proportion des mouvements naturels et violents et de tout ce qu'il y a de plus subtil dans la mécanique, trad. de l'italien. *Paris, Guenon*, 1639, pet. in-8, *fig.*, vél.

304. Garcet (H.). Eléments de mécanique. *Paris*, 1856, in-8, *fig.*, dem.-rel.

305. Gaubert (C.). Traité de mécanique. *Paris*, 1841, in-8, br.

306. Germain (Mlle Sophie). Recherches sur la théorie des surfaces élastiques. *Paris*, 1821, in-4, *fig.*, br.

307. Haüy (R. J.). Traité élémentaire de physique. *Paris*, 1803, 2 vol. in-8, dem.-rel.

> Exempl. provenant de la biblioth. de Vauquelin, célèbre chimiste.

308. Institutions de physique. *Paris, Prault*, 1740, in-8, v. marb. (*Aux armes d'un marquis du nom de Thiers de Toulouse ou de du Chastel.*)

> Exemplaire orné d'un beau frontispice, de figures et vignettes sur cuivre.

309. Jacquier (Il padre Fr.). Elementi di perspettiva. *Roma*, 1755, in-8, *fig.*, vél.

310. Jullien (P.M.). Problèmes de mécanique rationnelle. *Paris*, 1855, 2 vol. in-8, *fig.*, dem.-rel., v. vert.

311. Keill Joannis Introductiones ad veram physicam et veram astronomiam. *Lugduni-Batavorum*, 1739, in-4, *fig.*, rel. v.

312. Keill (Joan.). Introductio ad veram physicam, seu lectiones physicæ. *Cantabrigiæ*, 1741, in-8, *fig.*, rel. v.

> Edition plus rare que celle de 1739.

313. Kircheri (Athanasii) Ars magna et lucis umbræ, in decem libros digesta. *Amstelodami*, 1671, in-fol., fig., rel. v.

> Ouvrage rare et orné de nombreuses figures.

314. Lagrange. Mécanique analytique, nouvelle édit., revue et corrigée par l'auteur. *Paris*, 1811-15, 2 vol. in-4, br.

315. La Lande (De). Almanach des physiciens. *Paris*, 1801, in-16, rel. v.

> Don de La Lande à M. Fournerat, son élève.

316. Lentheric (P). Recherche de dioptrique, sur la manière dont les poissons s'offrent à notre vue et nous à la leur. *Montpellier*, 1820, in-4, br.

317. Marie (L'abbé). Traité de mécanique. *Paris*, 1774, in-4, *fig.*, rel. v.

> Exemplaire avec l'estampille de de La Lande, qui a mis en note : « Marie s'est tué à Mittau, parce que Monsieur ne lui donnait pas une « place pour partir. »

318. Musschenbrock (Petrus van). Institutiones physicæ. *Lugduni-Batavorum*, 1748, in-8, *fig.*, rel. v.

319. Newton. Optique, traduction par M..., dédiée au roi par M. Beauzée. *Paris*, 1787, 2 tom. in-8 en 1 vol., *fig.*, rel. v. m.

> Cette traduction, dédiée à Louis XVI en 1787, est du trop célèbre Marat, assassiné par Charlotte Corday.

320. Pardies (Le P. Ignace Gaston). La Statique, ou la science des forces mouvantes. *Paris, Mabre Cramoisy*, 1690, in-12, *fig.*, rel. v.

321. Pascal. Traitez de l'équilibre des liqueurs et de la pesanteur de la masse de l'air. *Paris, Guillaume Desprez*, 1698, in-12, *fig.*, rel. v.

322. Paucton. Théorie de la vis d'Archimède, de laquelle on déduit celle des moulins conçus d'une nouvelle manière. *Paris*, 1768, in-12, *fig.*, rel. v.

323. Perspective curieuse (La) du R. P. Niceron, minime, avec l'optique et la catoptrique du R. P. Mersenne ; œuvre très-utile aux peintres, architectes, sculpteurs, graveurs, etc. *Paris, Jean DU PVIS*, MDC.LXIII, in-fol., *anc. rel.*, v.

> L'ouvrage du P. Mersenne, compris dans le même volume, est de MDC.LI, et a été imprimé chez Langlois. Il contient une cinquantaine de planches fort curieuses.

324. Poisson. Traité de mécanique, 2ᵉ édit., consid. augmentée. *Paris, Bachelier*, 1833, 2 vol. in-8, rel. v.

325. Projet d'une nouvelle mécanique, avec un examen de l'opinion de M. Borelli sur les propriétés des poids suspendus par des cordes (par Varignon). *Paris*, 1687, in-4, *fig.*, v.

> Ouvrage qui n'est pas sans mérite ; mais ce qui fait surtout celui de notre exemplaire, c'est celui d'avoir appartenu à l'illustre Montesquieu, qui a mis des indications et son nom sur le titre. Très-peu d'ouvrages de la bibliothèque de ce grand homme ont passé dans le commerce.

326. Prony (de). Leçon de mécanique analytique. *Paris*, 1810-15, *fig.*, 2 vol. in-4, br., non rog.

327. — Sommaire des leçons sur le mouvement des corps solides, l'équilibre et le mouvement des fluides. *Paris*, 1809, in-4, br.

328. *Recueil de pièces.* Dissertation sur la mesure des forces motrices des corps, par M. de Mairan. *Paris*, 1741. = Réponse de madame (Du Chatelet) à la lettre de M. de Mairan. *Bruxelles*, 1741. = Lettre sur la nature de la matière et du mouvement à l'auteur des Institutions de physique. *Paris*, 1747. = Lettres de M. de Mairan au R. P. Parrenin, contenant diverses questions sur la Chine. *Paris*, 1759. = Réfutation du système des monades, par l'abbé Vallé. *Paris*,

1754. — Mémoire sur la découverte du satellite de Vénus, par Beaudoin de Guemadeuc. *Paris*, 1761.

Recueil de pièces assez difficiles à rencontrer, en 4 vol. in-12, rel. v. m.

329. Regnault (Le P.). Des Entretiens physiques d'Ariste et d'Eudoxe, ou Physique nouvelle en dialogues, *Paris*, 1732, 4 vol. in-12, *fig.*, rel. v.

330. Saussure (H.-B.de). Essais sur l'hygrométrie, par H.-B. de Saussure. *Neuchâtel*, 1783, in-8, *fig.*, rel. v. éc.

331. Simpson (Thomas). The doctrine and application of fluxions. *London*, 1776, 2 vol. in-8, *fig.*, rel. bas.

Excellent ouvrage, qui n'a malheureusement jamais été traduit en français.

332. Smith. Traité d'optique (trad. de l'anglais par Duval Le Roy). *Brest*, 1767, in-4, *fig.*, rel. v. — Supplément à l'Optique de Smith. *Brest*, 1800, in-4, *fig.*, vélin.

Ouvrage estimé. La seconde partie renferme de nombreuses additions manuscrites qui forment la suite du volume, et environ 20 feuillets d'une écriture fine et serrée, peut-être de l'auteur lui-même.

333. Smith. (Supplément à l'Optique de), cont. une théorie générale des instrumens de dioptrique. *Brest*, 1800, in-4, cart.

A la suite se trouve une suite manuscrite de 32 pages, d'une fine et belle écriture du temps.

334. Sonnet. Notions de mécanique exigées pour l'admission à l'Ecole Polytechnique. *Paris*, 1852, in-8, cart. (*Planches.*)

335. Traité de la Lumière, où sont expliquées les causes de ce qui lui arrive dans la réflexion et dans la réfraction (par Chr. Huygens). *A Leide*, 1690, in-4.

Exemplaire du célèbre Daniel Huet, évêque d'Avranches, avec ses armes sur la reliure, son *ex libris* intérieur, et quelques mots de sa main sur le titre.

336. Varignon. Nouvelles Conjectures sur la pesanteur. *Paris, J. Boudot*, 1690, in-12, mar. rouge, fil., tr. dor.

Aux armes du premier président de Lamoignon.

337. — Projet d'une nouvelle Mécanique, avec un Examen de l'opinion de M. Borelli. *Paris*, 1687, in-4, rel. v.

Exemplaire précieux en ce qu'il porte sur le titre la signature de Gaspard Monge, *anno* 1762, et celle de son fils sur les gardes du vol.

338. Zahn (Joan.). Oculus artificialis teledioptricus, sive telescopium. *Herbipoli*, 1685, 3 part., in-fol., *fig.*—Sphinx arithmetica, a Christiano Grünebergio. *Francofurti*.

Très-bel exemplaire relié en parchemin, avec gaufr. sur les plats.

III. SCIENCES NATURELLES. — BOTANIQUE. — ZOOLOGIE. — MÉDECINE. — HYGIÈNE, etc.

339. Adanson. Histoire naturelle des coquillages du Sénégal. *Paris*, 1757, 1 vol. in-4, bas. rac., avec 18 planch.

340. Analyse d'un cours du docteur Gall, ou Physiologie et Anatomie du cerveau, d'après son système. *Paris*, 1808, in-8, dem.-rel., *fig.*

341. Art (L') de conserver la santé, composé par l'école de Salerne; trad. nouvelle en vers français par B. L. M. *Paris*, 1772, in-12, dem.-rel.

342. Bodin (J.). La Demonomanie des sorciers. *Paris, Prevosteau*, 1598, in-12, v. gr.

343. Borelli (Joh.-Alphonsi) de motu animalium, editio nova, dissertationibus de motu musculorum et de effervescentia et fermentatione Joan. Bernouillii aucta. *Hagæ-Comitum, Petr. Bosse,* 1743, 2 vol. in-4, *fig.*, dem.-rel. en mauvais état.

Dernière et meilleure édition de l'ouvrage principal de Borelli.

344. Brisseau-Mirbel. Traité d'anatomie et de physiologie végétales. *Paris, Dufart*, 2 vol. in-8, dem.-rel. bas. verte.

Nombreuses figures en taille-douce.

345. Calvel. Recherches et Expériences sur les moyens pratiques d'accélérer la fructification des arbres, principalement du poirier et du pommier. *Paris*, 1811, in-8, br., avec une grande planche.

346. Castelli Bartholomæi Lexicon medicum græco-latinum, aut. Jac. Pancrace Brunone. *Genève*, 1746, in-4, v. marbr.

347. Celsi (A. Corn.) Medicinæ libri octo noviter emendati et impressi. *Lugduni*, 1516, in-4, lettres rondes, dem.-rel.

348. Chomel (P. J.). Abrégé de l'histoire des plantes usuelles. *Paris*, 1782, in-8, bas. gran.

349. Cléon, rhéteur cyrénéen, ou Apologie d'une partie de l'histoire naturelle, trad. de l'italien. *Amsterdam*, 1770, in-16, dem.-rel. v. f.

350. Condillac. Traité des animaux. *Amsterdam*, 1766, in-12, v. marb.

351. Cuvier (Le baron G.). Discours sur les révolutions de la surface du globe et sur les changements qu'elles ont produits dans le règne animal. *Paris*, 1826, gr. in-4, *fig.*, br.

352. Deidier. Deux dissertations médicinales et chirurgicales,

l'une sur les maladies vénériennes et l'autre sur la nature de la curation des tumeurs. *Paris*, 1725, in-12, v. br.

353. Desmarest. Dissertation sur l'ancienne jonction de l'Angleterre à la France. *Amiens,* 1753, in-12, v. m. (*Plans et cartes.*)

354. Dictionnaire portatif de santé. *Paris, Vincent,* 1761, 2 vol. pet. in-8, v. m.

355. Duhamel du Monceau. Traité de l'exploitation des bois. *Paris,* 1764, 2 vol. in-4, v. m., *fig.*

356. Dumeril. Considérations générales sur la classe des insectes. *Paris, Levrault,* 1823, in-8, cart., n. rog., *avec 37 pl.*

357. Fievée (Fulgence). Pharmacologie magistrale, avec des considérations thérapeutiques, pathologiques et physiologiques. *Paris, Méquignon-Marvis,* 1822, in-8, dem.-rel. v. f.

358. Flore parisienne, ou Description des caractères de toutes les plantes qui croissent naturellement aux environs de Paris, par L.-B. F... *Paris, an IX,* in-12, br.

359. Flore (La) des environs de Paris, ou Distribution méthodique des plantes qui y croissent naturellement, par Thuillier. *Paris, an VII,* in-8, cart., n. rog.

360. Framboisière (Nicol. Abrah.). Le Gouvernement nécessaire à chacun pour vivre longuement en santé, avec le gouvernemont requis en l'usage des eaux minérales, tant pour la préservation que pour la guérison des maladies rebelles. *Paris, Marc-Orry,* 1608, pet. in-8, rel. en parch. (*Mouillures.*)

361. Glissonii (Francisci) Tractatus de rachitide, sive morbo puerili. *Hagœ-Comitis, Arn. Lecre,* 1682, pet. in-12, *portr.,* v. m.

362. Haüy (L'abbé). Essai d'une théorie sur la structure des cristaux. *Paris,* 1784, in-8, br.

363. — Observations sur la mesure des angles des cristaux. *Paris,* 1818, in-8, br.

   Don d'Haüy à l'abbé Bucé, avec corrections de sa main.

— Essai d'une théorie sur la structure des cristaux. *Paris,* 1784, in-8, br.

364. Hippocrate (Nouvelle trad. des Aphorismes d'), par le chevalier de Mercy. 1817, in-12, dem.-rel.

365. Jaume Saint-Hilaire. Plantes de la France, décrites et peintes d'après nature. *Paris, Didot,* 1822, 2 vol. gr. in-8, n. rog.

   Suite de figures coloriées, accompagnées d'un texte explicatif, et enfermées dans deux cartons.

366. Jourdan (A.-J.-L.). Dictionnaire raisonné, étymologique, synonymique et polyglotte des termes usités dans les sciences naturelles. *Paris*, 1834, 2 vol. in-8, dem.-rel.

367. Leclerc. Médecine légale, analyse dictée par M. Leclerc, professeur de l'Ecole de médecine de Paris. *Manuscrit* in-8, dem.-rel. v.

368. Lefebure. Atlas botanique, ou Clef du jardin de l'univers, d'après les principes de Tournefort et de Linné. *Paris*, 1817, in-8, dem.-rel.

369. — Atlas botanique, ou Clef du jardin de l'univers, d'après les principes de Tournefort et de Linné. *Paris*, 1817, in-8, br.

370. Leroy (Ch. G.). Lettres philosophiques sur l'intelligence et la perfectibilité des animaux, avec quelques lettres sur l'homme. *Paris, Valade, an X* (1802), in-8, racc. (*Portrait.*)

371. Linnæi Caroli systema naturæ. *Paris.*, 1744, in-8, dem.-rel.

372. Linnæi Caroli naturæ curiosorum, Dioscoridis Secundi regnum vegetabile juxta systema naturæ in classes ordines et genera, etc. *Florentiæ, anno* 1796, in-8, planches, v. m.

373. Linnæi Caroli philosophia botanica, in qua explicantur fundamenta botanicæ. *Paris.*, 1751, in-8, v., *fig.*

    Orné de figures sur cuivre.

374. Linné. Philosophie botanique dans laquelle sont expliqués les fondements de la botanique, avec des définitions, des exemples et des observations, trad. du latin par Fr. A. Quesné. *Paris*, 1788, in-8, dem.-rel., *fig.*

375. Lombard. Manuel du propriétaire d'abeilles. *Paris, Renouard*, 1825, in-8, br.

376. Manuel Roret du cultivateur, 2 vol. — D'astronomie, 1 vol. Ens. 3 vol. in-18, br., *planches.*

377. Maout (Emm. Le). Leçons élémentaires de botanique fondées sur l'analyse de 50 plantes vulgaires. *Paris, Langlois et Leclerc*, 2 vol. in-8, *fig.*, v.

378. Marque (Docteur de). Le Guide du malade, ouvrage de médecine, philosophique et moral. *Paris*, 1779, in-12, v. marb.

379. Martin (Louis-Aimé). Lettres à Sophie sur la physique, la chimie et l'histoire naturelle, avec des notes de M. Patrin, de l'Institut. *Paris, Nicolle, s. d.*, 2 vol. in-8, pap. vergé, dem.-rel. v. rou.

380. Medicina Mentis, sive artis inveniendi præcepta generalia. *Lipsiæ, Fritsch*, 1695, in-4, peau de mouton. (*Le 1er f. de la dédicace manque.*)

381. Millin (A. L.). Eléments d'histoire naturelle, ouvrage couronné par le jury des livres élémentaires et adopté par le Corps Législatif pour les écoles nationales. *Paris, an V,* 1797, in-8, v. marb.

382. Moreau (J. L.). Histoire naturelle de la femme suivie d'un traité d'hygiène. *Paris, Duprat,* 3 vol. in-8, dem.-rel. bas.

383. Montani (Joa. Baptistæ) Consultationes olim quidem Joan. Cratonis Vratislaviensis Medici Cæsaris opera atque studio correctæ ampliatæque, etc. In-fol, 1583, rel. en bois, recouverte de peau de truie, gauffrée, fermoirs et armoiries.

384. Moreau de Jonnès. Recherches sur les changements produits dans l'état physique de l'atmosphère par la destruction des forêts. *Bruxelles,* 1825, in-4, br.

385. Odier (Louis). Principes d'hygiène, extraits du Code de santé et de longue vie de sir J. Sinclair. *Genève,* 1810, in-8, dem.-rel.

386. Quæstionum medicarum quæ circa medicinæ theoriam et praxim ante duo sæcula in scholis facultatis medicinæ Parisiensis agitata sunt et discussa, series chronologica. *Parisiis,* 1752, 1 vol. in-4, rel. en v. marb.

Exemplaire couvert de notes manuscrites.

387. Quelques mémoires sur différents sujets, la plupart d'histoire naturelle ou de physique. *Paris,* 1807, in-8, dem.-rel.

388. Réaumur (De). Art de faire éclore et d'élever en toute saison des oiseaux domestiques de toutes espèces. *Paris, Imp. Royale,* 2 vol. in-12, v. marb. (*Titre réemmargé.*)

Orné de nombreuses figures gravées sur cuivre.

389. Recentioris ævi numismata virorum de rebus medicis et physicis meritorum memoriam servantia collegit et recensuit Carolus Asmundus Rudolphi. *Berolini,* 1829, in-8, dem.-rel. v. f.

390. Reuss (J. D.). Repertorium commentationum a societatibus litterariis editum secundum disciplinam ordinum digessit J. D. Reuss, scientia naturalis. Tom. II : Botanica et mineralogia. *Gottingæ,* 1802, in-4, dem.-rel. bas.

391. Richerand. Nouveaux Eléments de physiologie. *Paris, Caille et Ravier,* 1814, 2 vol. in-8, v. rac.

392. Roussel. Système physique et moral de la femme. *Paris,* 1775, in-12, dem.-rel. bas.

393. Saint-Germain (De). Manuel des végétaux, ou Catalogue latin et français de toutes les plantes, arbres et arbrisseaux connus sur le globe de la terre jusqu'à ce jour, rangés selon le système de Linné. *Paris,* 1784, in-8, rel. v. marb.

394. Segur (Oct.). Flore des jeunes personnes, ou Lettres élémentaires sur la botanique. *Paris,* 1802, in-12, *fig.*, dem.-rel. v. viol.

395. Sicler (Adrian). La Chiromancie royale et nouvelle. *Lyon, Gayet,* 1666, pet. in-12, bas.

> Curieuses figures.

396. Sprengel. Essai d'une histoire fragmatique de la médecine, trad. en français par Geiger. *Paris, Imp. Imp.,* 1809, 2 vol. in-8, *fig.*, dem.-rel.

397. Théis (Alex. de). Glossaire de botanique, ou Etymologie de tous les noms et termes relatifs à cette science. *Paris,* 1810, in-8, dem.-rel.

398. Thuillier. Le Vade-mecum du botaniste voyageur aux environs de Paris. *Paris,* 1803, in-12, dem.-rel. (*Carte.*)

399. Thuillier (J. L.). Le botaniste voyageur aux environs de Paris. *Paris, Pillot,* 1807, in-12, br. (*Carte.*)

400. Thuillier (C.). Observations sur les maladies vénériennes avec leur cure sûre et facile. *Paris, Chastelain,* 1707, in-12, v. br.

401. Tissot. L'Onanisme, dissertation sur les maladies produites par la masturbation. *Lausanne,* 1784, in-12, br.

402. — De la santé des gens de lettres. *Paris, Didot,* 1769, in-12, v. m.

> Traduction imprimée sous les yeux de l'auteur.

403. Vanière (Le P.). Economie rurale, trad. du Prædium rusticum par Berland. *Paris,* 1756, 2 vol. in-12, v. m.

404. Vanière (J.). Prædium rusticum, nova editio. *Parisiis, J. Barbou,* 1774, in-12, v. m. (*Front. gravé par Gravelot.*)

405. Willich. Hygiène domestique, ou l'Art de conserver la santé ou de prolonger sa vie, trad. de l'angl. avec des notes par Itard. *Paris, an XI,* 1802, in-8, v. bleu.

406. Zimmermann (George). Traité de l'expérience en général, et en particulier dans l'art de guérir, trad. par Le Febvre. *Paris,* 1817, 2 vol. in-8, v. viol.

IV. SCIENCES PHYSIQUES ET MATHÉMATIQUES.

A. GÉNÉRALITÉS ET ÉCRIVAINS ANCIENS ET MODERNES DONT LES OUVRAGES SE TROUVENT RÉUNIS.

407. Archimède (Œuvres d'), trad. littéralement, avec un commentaire, par F. Peyrard. *Paris, Buisson,* 1808, 2 vol. in-8, *fig.* et portr., rel. v.

408. Bernouilli (Johannis) Opera omnia. *Lausannæ* et *Genevæ*, 1742, 4 vol. in-4, rel. v.

409. Bernouilli (Jacobi) Opera. *Genevæ*, 1744, 2 vol. in-4, *fig.*, rel. v.

410. Bossut (Charles). Histoire générale des mathématiques. *Paris*, 1810, 2 vol. in-8, dem.-rel. (*Portrait.*)

411. Caille (De la). Cours élémentaire et complet de mathématiques pures, augmenté par Marie et éclairci par Thévenot. *Paris, an VII*, in-8, *fig.*, rel. v.

412. Caille (L'abbé de la). Leçons élémentaires de mathématiques. *Paris*, 1778, in-8, rel. v.

Septième et dernière édition donnée par l'abbé Marie.

413. Cassini (J. D.). Mémoires pour servir à l'histoire des sciences et à celle de l'Observatoire royal de Paris, suivi de la vie de J. D. Cassini. *Paris*, 1810, *fig.*, in-4, br., n. rog.

414. Castel (L. B.), jésuite. Mathématique universelle, abrégée, à l'usage et à la portée de tout le monde. *Paris*, 1728, in-4, v.

415. Comte (Auguste). Rédaction du cours de mathématiques. In-4, *fig.*, cart.

Manuscrit renfermant : les Eléments de Géométrie, ceux d'Algèbre supérieure et le Calcul différentiel avec ses applications.

416. Cotesius (Roger). Harmonia mensurarum, sive analysis et synthesis per rationum et angulorum mensuras promotæ ; accedunt alia opuscula mathematica. *Cantabrigiæ*, 1722, in-4, v.

Reliure fatiguée. Ouvrage rare et estimé.

417. Cournot (Aug.). Recherches sur les principes mathématiques de la théorie des richesses. *Paris*, 1838, in-8, br.

418. Craig. De calculo fluentium. *Londini*, 1718, in-4, *fig.*, cart.

A la suite de ce volume : Pierre Varignon, professeur au collége Mazarin, et l'un des plus célèbres géomètres de l'ancienne Académie des Sciences, a copié de sa main deux brochures fort rares en France : 1° De dimensione curvarum, auctore Davidei Gregorio. *Edinburgi*, 1684. 2° Paucæ quædam observationes circa proportionem quam ad rectilineas habent figuræ curvilineæ, per Hub. Huighenium. *Medioburgi, s. d.*

419. Cunha (Joseph-Anastase da). Principes mathématiques, trad. du portugais par J. M. D'Abreu. *Bordeaux*, 1811, in-8, dem.-rel.

Ouvrage fort original dans son genre et pas assez connu.

420. Deparcieux. Essai sur les probabilités de la durée de la vie humaine. *Paris*, 1746, in-4, vél. v.

421. Descartes. Lettres de M. Descartes, où sont traitées les plus belles questions de la morale, la physique, la médecine et les mathématiques. *Paris*, 1724, 6 vol. in-12, *fig.*, rel. v.

Edition augmentée du texte latin et français de plusieurs lettres.

422. Diderot. Mémoires sur différents sujets de mathématiques. *Paris*, 1748, in-8, *fig.*, rel. v.

Dédié à Mme de Pompadour. Charmantes vignettes.

423. Divers ouvrages de mathématiques et de physique, par Messieurs de l'Académie des sciences. *Paris, Imp. roy.*, 1693, in-fol., v. f.

Exemplaire de Louis XIV. Les armes du roi, gravées sur les plats, ont été noircies à l'encre, sauf l'encadrement; mais les lettres LL, couronnées et six fois répétées sur le dos du livre, sont bien conservées. L'ouvrage est beau et contient des mémoires du P. Mersenne, de Huygens, de Picard, de Mariotte, etc.

424. Fagnano (Comte G.-C.). Di Produzioni matematiche. *In Pesaro*, 1750, 2 vol. in-4, vel. bl.

425. Fermat (Petri de) varia Opera mathematica. *Tolosæ, apud Joannem Pech*, M.DC.XXIX, in-fol., *portr. et fig.*, dem. rel. v.

« Ouvrage très-recherché, dit le *Manuel*, et peu commun. » Le magnifique portrait grand in-fol. de Fermat augmente encore sa valeur.

426. — Précis des œuvres mathématiques de P. Fermat et de l'arithmétique de Diophante, par E. Brassinne. *Paris, Mallet-Bachelier*, 1853, in-8, br.

427. Francœur (L.-B.). Cours complet de mathématiques pures, seconde édit. *Paris*, 1819, 2 vol. in-8, dem.-rel.

On a joint à cet exemplaire une lettre inédite de Francœur à M. Fournerat.

428. Les Nouvelles Pensées de Galilée, mathématicien et ingénieur du duc de Florence. *S. n., Paris, Rocolet*, 1639, pet. in-8, *fig.* — L'usage du quadran ou de l'horloge physique universel, d'où les philosophes, les médecins, les mathematiciens pourront tirer plusieurs utilités. *S. n. Paris, Rocolet*, 1639, in-8, en 1 vol., vél.

Exemplaire portant l'estampille du marquis de La Condamine. Le premier ouvrage est du P. Mersenne, qui s'est caché sous le nom de Rocolet, son libraire. Le second pourrait être encore du P. Mersenne, mais nous ne l'avons trouvé consigné nulle part.

429. Goudin (M. S.). Œuvres contenant un traité sur les propriétés communes à toutes les courbes, un mémoire sur les éclipses de soleil, et un sur les usages de l'ellipse dans la trigonométrie sphérique. *Paris*, 1803, in-4, dem.-rel. v.

430. Gregorii (Davidis) Astronomiæ physicæ et geometricæ elementa. *Genevæ,* 1726, 2 vol. in-4, *fig.*, rel. v.

> Bon exemplaire de la meilleure édition, comprenant de nombreuses additions et corrections sur l'édition in-fol.

431. Grollier de Servière (Recueil d'ouvrages curieux de mathématique et de mécanique, ou description du cabinet de M.). *Lyon,* 1733, in-4, v. br.

432. Hamellii Paschasii, regii mathematici, commentarius in Archimedis librum de numero arenæ. *Lutetiæ,* 1557, *fig.* — Antonii Mizaldi Monluciani de mundi sphæra seu cosmographia libri tres, figuris et demonstrationibus illustrati. *Lutetiæ,* 1553, *fig.* — De methodo Astrolabi, *Lutetiæ,* 1557, *fig.*, 1 vol. in-12, br.

> Exemplaire en bonne conservation de trois ouvrages rares. Le livre de Mizaldi contient une dédicace à la princesse Marguerite de Valois, à la date de 1552. Le titre du 3e ouvrage manque.

433. Hedræus (Bened.). Nova et accurata geometrici structura, nec non quadrantis astronomici asimuthalis. *Lugduni Batavorum,* 1643, in-12, *fig.*, rel. v. f.

> Estampille d'*Antide Janvier*.

434. Henrion (D.). L'usage du Mecometre, qui est un instrument géométrique. *Paris,* 1630, pet. in-8, vél., *fig. sur bois.*

435. Hooper (W.). Rational recreations, in which the principles of numbers and natural Philosophy. *London,* 1774, in-8, 4 vol., *fig. color.*, rel. bas.

> Très-belles figures coloriées qui donnent quelque prix à ce recueil, peu commun en France.

436. Hugenii Christiani Opera varia. *Lugduni-Batavorum,* 1724, 2 vol., in-4, *fig.*, dem.-rel. v.

437. Hutton (Charles). A course of mathematics, 6e édit. *London,* 1811, 3 vol. in-8, *fig*, cart., fat. — Key to the course of mathematics the latest edition, by Dan Dowling. *London,* 1818, in-8, *fig.*, cart., non rogné.

438. Journal de l'Ecole polytechnique. *Paris, an III, an VIII* (du 1er au 8e cahier inclus, tomes I à III), 7 vol. in-4, cart., n. rog.

439. Leibnitz et J. Bernouilli. Commercium philosophicum et mathematicum, ab anno 1694 ad annum 1716. *Lausannæ,* 1745, 2 vol. in-4, v. m.

440. Leybourn (Thomas). The mathematical questions proposed in the Ladies Diary. *London,* 1817, 4 vol. in-8, *fig.*, dem.-rel. v.

> Recueil fort estimé.

441. Libri (Guillaume). Histoire des sciences mathématiques en
Italie, depuis la renaissance des lettres jusqu'à la fin du
XVIIᵉ siècle. *Paris*, 1835-41, 4 t. in-8 en 5 vol., dem.-rel. v.

> Bel exemplaire d'un ouvrage important.

442. Lorgna (A. M.). Opuscula mathematica et physica. *Veronæ*,
1770, in-4, *fig.*, cart.

443. Lunier. Dictionnaire des Sciences et des Arts. *Paris*, 1805,
3 vol. in-8, dem.-rel. v.

444. Maclaurin. Traité des Fluxions, trad de l'anglais par Pezenas. *Paris*, 1749, 2 vol. in-4, *fig.*, rel. v.

> Bel exemplaire. ARMOIRIES sur les plats.

445. Marie (Abb.). Lezioni elementari di matematiche tradotte,
illustrate da Stanislao Canovai; 5ᵉ édit. *Firenze*, 1803, in-8,
fig., dem.-rel. vél.

> Traduction excellente d'un excellent ouvrage peu commun en France.

445 *bis*. Même ouvrage, même édition, dem.-rel. vél.

446. Mathématiques : ce 18 novembre 1792 : Jeu de billard par
principes de géométrie. — Arithmétique binaire. — Récréations mathématiques. In-12, dem.-rel.

> Manuscrit de 361 pages d'une bonne écriture, et autographe du
> célèbre astronome La Lande.

447. Mathesiphilus. Otia mathematica seu opusculum tripar-
titum : I. De horologiis sciathericis. II. De optica delineatoria.
III. De optica mechanica. *Strasburgi*, 1719, dem.-rel. vél.
(*Front. gravé* et *figures.*)

448. Mazzucchelli. Notizie istoriche e critiche intorno alla vita,
alle invenzioni, ed agli scritti di Archimede. *Brescia*, 1737,
gr. in-4, cart., vél.

> Bel exemplaire en grand papier d'un ouvrage orné de jolies vign.
> de Car. Orsolini, et d'une rareté telle que Montucla, dans son *Hist.*
> *des Mathém.* (2ᵉ édit., t. I, p. 238), avoue n'avoir pu se le procurer,
> ce qui lui en fait donner une description tout-à-fait erronée.

449. Menu de Saint-Mesmin. Problèmes de mathématiques et
de physique, donnés dans les facultés des sciences. *Paris*,
Hachette, 1857.

450. Mersenne (M.). La Vérité des sciences contre les sceptiques
et les pyrrhoniens, dédié à Monsieur, frère du Roy, par F.
Marin Mersenne. *Paris*, 1625, gros in-12 de 1008 pages, *fig.*,
vélin.

> Rare, curieux et recherché comme tous les ouvrages du P. Mer-
> senne. Le présent livre ne se trouve même pas à la Biblioth. Imp.
> Dans la note de M. Paulin Richard, insérée par *Brunet* au *Manuel*, il
> n'est pas indiqué. On trouve dans ce volume d'intéressants passages :
> les *Batons arithmétiques de Neper*, p. 510; la table pour le côté de
> chaque polygone inscrit jusqu'à 80, p. 840; une autre pour le côté

des polygones circonscrits, p. 846 ; sur les progressions géométriques continuées jusqu'au 64ᵉ terme, etc., etc.

451. Montferrier (De). Dictionnaire des Sciences mathématiques. *Paris*, 1835, 3 vol. in-4, dem.-rel. v. olive et un atlas.

452. Montucla (J. Fr.). Histoire des Mathématiques ; nouv. édit., achevée par J. de Lalande. *Paris, Agasse, ans VII-X (1799-1812)*, 4 vol. in-4, *fig.*, dem.-rel. v.

> Bon exemplaire d'un ouvrage maintenant rare et recherché.

453. Murhard (Fr. W. A.). Bibliotheca mathematica. *Lipsiæ*, 1797-1802, 5 vol. in-8 en 3, dem.-rel.

454. Newtoni (Isaaci) equitis aurati opuscula, collegit Jo. Castillioneus. *Lausannæ et Genevæ*, 1744, 3 vol. in-4, *fig.*, br., n. rog.

455. Oughtred (Guillelmi) Actonensis clavis mathematica, cum aliis quibusdam ejusdem commentationibus, quæ in sequenti pagina recensentur. *Oxoniæ*, 1652, in-12, *fig.*, rel. bas., fat.

> Ce petit volume, d'un auteur estimé, contient cinq notices diverses avec pagination différente, et se termine par l'*Horlogiographia*.

456. Ozanam. Récréations mathématiques et physiques. *Paris, Firmin Didot*, 1790, 4 vol. in-8, dem.-rel., *figures*.

> Très-bonne édition, donnée par Montucla, la meilleure et la plus recherchée.

457. Pardies. OEuvres du R. P. Ignace-Gaston Pardies, contenant : 1ᵒ Eléments de géométrie ; 2ᵒ Discours du mouvement local ; 3ᵒ Statique ou Science des forces mouvantes ; 4ᵒ Machines propres à faire les quadrans ; 5ᵒ Discours de la connaissance des bêtes. *Lyon*, 1725, in-12, *fig.*, rel. v., fat.

> Recherché et peu commun.

458. Principi di matematica sublime. *Torino*, 1779, in-8, dem.-rel., *fig.*

459. Pselli compendium mathematicum aliique tractatus eodem pertinentes. *Lugd.-Bat., ex. off. Elzeviriorum*, 1647, in-12, vélin.

460. Ptolomée (Claude). Composition mathématique, traduite pour la première fois du grec en français par l'abbé Halma, et suivie des notes de Delambre. *Paris, Grand*, 1813, 2 vol. in-4, v. rac., fil., *figures*.

461. Puissant (L.). Traité de géodésie, ou Exposition des méthodes astronomiques et trigonométiques, etc. *Paris, Courcier*, 1805, *fig.* — Traité de topographie, d'arpentage et de nivellement. *Paris, Courciér*, 1807, in-4, *fig.*

> Fort vol. in-4, dem.-rel. v., avec don d'auteur et signature.

462. Récréation mathématique composée de plusieurs problèmes plaisants et facétieux, en fait d'arithmétique, géométrie,

méchanicque, opticque et autres parties de ces belles sciences (par le P. Leurechon). *Paris*, 1626, in-12 de 8 ff. prélim.,
347 pp. et une grande quant. de *fig.*, vélin.

Edition rare et beaucoup plus complète que celle indiquée de la
même année ; voir le *Manuel*, p. 1140.—Exemplaire mouillé.

462 bis. Même ouvrage. *Rouen, Ch. Osmond,* 1629, 3 part.
en 1 vol. in-8, vélin.

Titre remonté.—Marges courtes.—D'ailleurs propre.

463. Recueil d'ouvrages. Questions théologiques, physiques,
morales et mathématiques, où chacun trouvera du conten-
tement ou de l'exercice, par L. P. M. (le père Mersenne).
Paris, Guenon, 1634. — Les Mechaniques de Galilée, mathématicien, trad. avec plus. addit. par L. P. M. (le père
Mersenne). *Paris, Guenon,* 1634. — Les Préludes de l'harmonie universelle, ou questions curieuses, utiles aux prédi-
cateurs, aux théologiens, aux astrologues, aux médecins et
aux philosophes, par L. P. M. (le père Mersenne). *Paris,
Guenon,* 1634, 3 vol. en 1 seul, avec rel. v. fat.

Recueil renfermant en édition originale trois ouvrages du P. Mersenne, aussi rares que recherchés.—A la p. 214, on trouve le texte de
la sentence rendue contre Galilée et son abjuration, le 22 juin 1631.
— Ces trois ouvrages sont fort difficiles à trouver, même séparément.

464. Reuss (J. D.). Reperlorium commentationum a societa-
tibus litterariis editarum secundum disciplinarum ordinem.
Gottingæ. Physica. 1805. — Astronomica. 1804. — Mathesis,
Mechanica, etc. 1808, 3 vol. pet. in-4, dem.-rel. v.

465. Robertson (John). A treatise of such mathematical instruments as are usually put into a portable case. *London,*
1775, in-8, *fig.*, rel. v.

466. Séances des écoles normales recueillies par des sténo-
graphes et revues par les professeurs. *Paris, imp. du Cercle-
Social,* 1800, 10 vol. Débats, 3 vol. Ens. 13 vol. in-8, dem.-
rel. v. vert.

467. Sedillot (M. Am.). Matériaux pour servir à l'histoire com-
parée des sciences mathématiques. *Paris,* 1845, in-8, br.

468. Souciet (Le P. E.). Observations mathématiques, astronomiques, géographiques, chronologiques et physiques. *Paris,*
1729, 3 vol. in-4, rel. v.

469. Stevin (S.). Les OEuvres mathématiques de Simon Stevin,
de Bruges, revues et corrigées par Alb. Gérard. *Leyde,
Bonav. et Abr. Elzevier,* 1634, 2 tom. en 1 vol. in-fol. vélin,
avec dos en v.

470. Sturmii Joh. Christoph. P. P. Mathesis enucleata cujus
præcipua contenta sub finem præfationis uno quasi obtutu

spectanda exhibentur. *Norimbergæ*, M.DC.XCV, in-12, *fig.*, rel., v. f.

471. Suma de arithmetica, geometria proportioni et proportionalita. *Venetiis*, M.CCCCLXLIIII (1494), 2 tom. en 1 vol. in-fol., dem.-goth. de VIII ff. prél., 224 et 76 ff. chiffrés, avec *fig.* de géométrie.

> Ouvrage rarissime de *Lucas Pacioli de Borgo*, au sujet duquel on peut consulter le *Manuel* de Brunet. Le premier et le dernier feuillets ont été raccommodés; la dem.-rel. ancienne est fatiguée ; mais comme l'intérieur est d'une belle conservation, on peut en faire l'un des plus beaux volumes des 3 ou 4 exemplaires qui subsistent encore de ce rare ouvrage.

472. Table chronologique des règnes prolongée jusqu'à la prise de Constantinople par les Turcs, trad. par l'abbé Halma. *Paris, Babée*, 1819, in-4, v. rac., fil., *fig.*

B. MATHÉMATIQUES PURES.

1. GÉOMÉTRIE, TRIGONOMÉTRIE, ARPENTAGE, ETC.

473. Archimedis theoremata de circuli dimensione, sphæra, et cylindro, auctore Vito Caravello. *Neapoli*, 1751, in-12, *fig.*, vélin.

> Voir La Lande, *Bibl. astr.*, p. 584.

474. Azemar. Trisection de l'angle, suivie de recherches sur le même sujet, par J. B. Garnier. *Paris*, 1809, in-8, br.

> Don d'auteur à M. le chevalier Haüy.

475. Belidor. Dictionnaire portatif de l'ingénieur. *Paris*, M.DCC.LV, in-12, rel. v.

476. Bérard (J.-B.). Opuscules mathématiques. *Paris*, 1810, *fig.* — Mém. sur les lignes du second ordre, par C.-J. Brianchon. *Paris, Bachelier*, 1817. — Application de la théorie des transversales, par C.-J. Brianchon. *Paris*, 1818, *fig.* — Solutions peu connues de différents problèmes de géométrie pratique, par F.-J. Servois. *Metz*, 1802, *fig.* — Lettres de S. à F., prof. de math. *S. n. n. d.* — Examen des différentes méthodes employées pour résoudre les problèmes de géométrie, par Lamé. *Paris*, 1818. — Traité de géométrie descriptive, par Pothier. *Paris*, 1817. — Essais sur la ligne droite et les courbes du second degré, par de François. *Paris*, 1801, *fig.* — Essais de géométrie sur les plans et les surfaces courbes, par S.-F. Lacroix. *Paris*, 1795, *fig.*, gros vol. in-8, dem.-rel.

477. Blume (F.), K. Lachmann und a Radorff, die Schriften

— 38 —

der Romischen Feldmesser. *Berlin*, 1848, 2 vol. in-8, dem.-
rel.

478. Borda (Le Chev. de). Description et usage du cercle de
réflexion. *Paris, Didot*, 1787, pet. in-4, *fig.*, rel. bas.

479. Boucharlat (J.-L.). Théorie des courbes et des surfaces du
second ordre. *Paris*, 1845, in-8, *fig.*, dem.-rel. v. fat.

480. Bourdon. Application de l'algèbre à la géométrie. *Paris*,
1825, in-8, *fig.*, dem.-rel.

481. Cagnoli (Ant.). Sezioni coniche. *In Modena, anno X*, in-8,
fig., dem.-rel.

> Ouvrage estimé. — Exemplaire sur papier azuré.

482. — Trigonométrie rectiligne et sphérique, trad. par
Chompré. 2ᵉ édit. *Paris*, 1808, in-4, dem.-rel.

483. Cametti (Octavianus). Sectionum conicarum compendium. *Venetiis*, 1765, in-12, *fig.*, vél.

484. Canon Mathematicus seu ad triangula, cum adpendicibus
(Francisci Vietæ). *Lutetiæ, apud Joannem Mettayer*, 1579,
gr. in-fol., vél.

> Au sujet de ce livre rarissime, il faut consulter Delambre (*Histoire
> de l'Astronomie du moyen âge*, p. 455 et suiv.). Montucla donne aussi,
> dans ses *Annales de Mathématiques* (nouv. éd., t. 1, p. 610), la cause de
> cette rareté. Les deux ou trois exemplaires qui ont paru dans les ventes
> ont atteint des prix élevés, et, chose bizarre, ces exemplaires offrent
> presque tous quelque différence. Les parties diverses qui composent
> notre volume sont rangées dans un autre ordre que celui provenant de
> la vente de de Thou. Au recto du feuillet qui précède la dernière double
> feuille. on trouve une note de l'éditeur : *Joannes Mettayer lectori*, note
> assez intéressante et qui paraît justifier les indications données par
> Montucla.

485. Carnot. Mémoire sur la relation qui existe entre les
distances respectives de cinq points quelconques pris dans
l'espace, suivi d'un essai sur la théorie des transversales.
Paris, 1806, pet. in-4, *fig.*, dem.-rel., bas.

486. — Géométrie de position, à l'usage de ceux qui se destinent à mesurer des terrains. *Paris, Duprat*, 1803, in-4,
fig., dem.-rel. v.

> Cet ouvrage, considéré comme le chef-d'œuvre de Carnot, est rare
> aujourd'hui. On a joint à notre exemplaire un portrait du célèbre
> mathématicien.

487. Chasles. Traité de géométrie supérieure. 1852, gr. in-8,
fig., br.

488. — Aperçu historique des méthodes en géométrie, particulièrement de celles qui se rapportent à la géométrie moderne; suivi d'un mémoire de géométrie. *Bruxelles*, 1837,
in-4, dem.-rel., v.

> Ouvrage recherché et dont l'édition est depuis longtemps épuisée.

489. Clairaut (C.-A.). Recherches sur les courbes à double courbure. *Paris*, 1731, in-4, *fig.*, rel. v.

> Bel exemplaire de cet ouvrage original, qui fait époque dans l'histoire de la science mathématique et a servi, cinquante ans après sa publication, à toutes les découvertes de Monge. On a joint à notre exemplaire un très-beau portrait de Clairaut, par Cochin.

490. Clavii (Christophori) Bambergensis in spheram Joannis de Sacro Bosco commentarius. *Lugduni*, 1607, pet. in-4, *fig.*, vél.

> Provient de la bibliothèque des Bénédictins de Dijon; on y lit la signature de Nardot, bénédictin, qui fit imprimer un volume de Sermons en 1625.

491. Comte (Auguste). Traité élémentaire de géométrie analytique, à deux et à trois dimensions. *Paris*, 1823, in-8, *fig.*, dem.-rel. toile.

492. Cotta (Henri). Tables de cubage et d'expériences sur l'accroissement des bois, et instruction (avec tarif) pour le calcul de la valeur des bois eu fonds et superficie, trad. de l'allemand. *S. l. n. d.*, in-8, dem.-rel. v. rou.

493. Craige (J.). Methodus figurarum lineis rectis et curvis comprehensarum quadraturas determinandi. *Londini*, 1681, in-4, v. br.

> Exemplaire portant la signature du célèbre P. Varignon, géomètre, membre de l'Académie des Sciences, mort en 1722. (Notes manuscr.)

494. Develey. Application de l'algèbre à la géométrie, 2e édit. 1824, in-4, dem.-rel.

495. Espinasse (Le chev. de l'). Traité sur la pratique de la trigonométrie, par M. le chevalier de l'Espinasse, lieutenant en premier dans le corps royal de l'artillerie. 1767, in-fol., *pl. et fig.*, rel. v.

> Manuscrit important, enrichi de 17 planches fort bien faites, parmi lesquelles on remarque uu très-joli plan de La Fère en Picardie, en 1766.

496. Euclide (Les OEuvres d'), traduites d'après un manuscrit grec très-ancien par F. Peyrard. *Paris*, 1819, in-4, *fig.*, dem.-rel. v.

497. Euclide (Les Elemens d'), des R. P. Déchalles et Ozanam. *Paris*, 1778, in-12, *fig.*, rel., v.

498. — Les quinze livres des Elémens géométriques d'Euclide, trad. par Henrion. *Paris*, 1688, 2 vol. en 1, pet. in-8, rel., v.

499. — (Les Eléments d'), par le P. Claude-François Millet-Dechalles. *Paris, Michallet*, 1690, in-12, *fig.*, rel. v.

500. Euclidis Elementorum libri priores VI, XI et XII, ex ver-

sione Commandini, curante Rob. Simson. *Glasguæ, Foulis,*
1756, in-4, rel. v.

> Bel exemplaire de cette édition recherchée.

501. Euclidis Elementorum libri priores sex, item XI et XII,
ex vers. lat. Fed. Commandini. *Oxoniæ,* 1731, in-8, *fig.,* rel.
bas., fat.

502. Euclidis Megarensis mathematici clarissimi Elementa libris XV, ad germanam geometriæ intelligentiam e diversis
lapsibus temporis injuria contractis restituta, authore D.
Francisco Flussate Candalla. *Lutetiæ, apud Jacobum Du
Puis,* M.D.LXXVIII, in-fol., v.

> Ancienne reliure fatiguée d'une édition curieuse que ne signale
> point Brunet. L'auteur, François de Foix, duc de Candale, évêque
> d'Aire en 1570, dédia ce livre à Charles IX, et mourut en 1594 à
> Bordeaux, âgé de 90 ans.

503. Euler (L.). Methodus inveniendi lineas curvas maximi
minimive proprietate gaudentes. *Lausannæ,* 1744, in-4, *fig.,*
bas.

504. Flauti (V.) Trigonometria rettilinea e sferica. *Napoli,*
1819, gr. in-4, pap. vél., *fig.,* cart., non rog.

> Bel exemplaire en grand papier d'un volume dont il n'a été tiré
> que 100 exemplaires sur papier vélin.

505. Gallimard. Géométrie élémentaire d'Euclide. *Paris,* 1749,
in-12, *fig.,* rel. v.

506. Garnier (J.-G.). Géométrie analytique, ou application de
l'algèbre à la géométrie. *Paris,* 1813, in-8, rel. bas.

507. Girard (Albert). Table des sinus, tangentes et sectantes,
selon le raid de 100,000 parties, avec la trigonométrie tant
plane que sphérique, etc., par Albert Girard, mathématicien; seconde édition. *A la Haye, chez Jacob Elzevier,* 1629,
pet. in-12, feuillets non chiffrés, signat. A.-L5, anc. rel.
v. f.

> Jolie édition qui fait partie de la collection elzevirienne, et l'un des
> rares ouvrages sortis des presses de Jacob Elzevir, 5e fils de Mathieu.
> Voir la longue note du *Manuel* à son sujet. On a joint à notre exem-
> plaire une carte des environs de Paris et un petit *Traité de la sphère,*
> qui sort peut-être des mêmes presses et qui ne nous paraît signalé
> nulle part. Au commencement et à la fin, notes manuscrites sur
> plusieurs feuillets ajoutés au volume.

508. Gregorii a Sto-Vincentio opus geometricum quadraturæ
circuli et sectionum coni decem libris comprehensum. *An-
tverpiæ,* M.DC.XLVII, in-fol., v.

> Reliure fatiguée. Dans ce même volume on a mis une fort rare bro-
> chure in-folio du même auteur, intitulée : « Solutio problematis
> A. R. P. MARINO MERSENNO propositi. » *Antverpiæ,* M. DC. XLIX.

509. Guisnée. Application de l'algèbre à la géométrie, ou Mé-

thode de démontrer par l'algèbre les théorèmes de géométrie..
Paris, 1733, in-4, *fig.*, rel. v.

510. Heegmann (A.). Études sur la trigonométrie sphérique.
Lille, 1851, in-8, br.

511. Hestermann. Trigonometriæ sphæricæ leges et formulæ,
etc. *Vindobonæ*, 1820, in-4, cart.

512. Histoire des recherches sur la quadrature du cercle (par
Montucla. *Paris*, 1754, in-12, *fig.*, rel.

> Rare et recherché.

513. Hospital (Le Mis de l'). Traité analytique des sections coniques et de leur usage. *Paris*, 1776, in-4, *fig.*, rel. v.

514. Hutton (Charles). A treatise on mensuration both im
theory and practice. *London*, 1788, in-8, *fig.*, rel. bas.

> Modèle de précision et de clarté, comme tous les ouvrages de
> Hutton. Celui-ci est malheureusement peu connu et peu répandu en
> France; une traduction de cet excellent livre aurait le plus grand
> succès.

515. La Chapelle (De). Traité des sections coniques. 1750,
in-8, v. m., pl.

516. Lhuillier (Simon). Polygonométrie, ou de la mesure des
figures rectilignes et abrégé d'Isopérimétrie élémentaire.
Genève, 1789, in-4, *fig.*, br.

517. Lhuillier (Sim.). De relatione mutua capacitatis et termi-
norum figurarum, geometrice considerata, seu de maximis
et minimis. *Varsaviæ*, 1782, in-4, *fig.*, rel. v. f.

518. Lecchio (Ant.). Trigonometria theorico-practica, plana
et spherica. *Mediolani*, 1756, in-8, *fig.*, rel. v. f.

> Il est douteux qu'aucune trigonométrie ait é.é imprimée avec un tel
> luxe. De charmantes gravures et des portraits ornent cet ouvrage, dont
> l'auteur, Lecchi, est connu par quelques bons ouvrages.

519. Leclerc (Séb.). Traité de géométrie théorique et pratique
à l'usage des artistes. *Paris*, 1744, in-8, *fig.*, rel. v. (*Quelq.
piqûres.*)

> Livre curieux pour les nombreuses et délicieuses gravures de Cochin
> dont il est orné. Les épreuves de notre exemplaire sont fort bonnes.

520. Leslie (John). Geometrical Analysis and geometry of curve
lines. *Edinburgh*, 1821, in-8, *fig.*, cart., non rog.

521. Marzucco (Giuseppe). Riflessioni intorno alla quadratura
del cerchio e delle curve. *Napoli*, 1757, in-8, *fig.*, vélin.

> Très-bon ouvrage rédigé d'après les vrais principes de la matière.
> Il est surprenant que M. Lacroix ne l'ait pas cité dans l'*Histoire des
> recherches de la quadrature du cercle*. Ce livre est d'ailleurs fort rare.

522. Mascheroni (L.). Géométrie du compas; trad. de l'italien
par Carette. *Paris*, 1798, in-8, *fig.*, dem.-rel.

> On a ajouté à l'ouvrage, en note manuscrite, le problème proposé et

résolu par Napoléon Bonaparte, lorsqu'il était élève à l'école de Brienne.

523. Mascheroni. Problèmes pour les arpenteurs, avec différentes solutions; trad. de l'italien. *Paris,* 1803, in-8, br.

> Ouvrage original et rempli de difficultés que beaucoup d'arpenteurs ordinaires seraient embarrassés de résoudre.

524. Mauduit. Leçons de géométrie. *Paris,* 1809, 2 vol. in-8, en un seul, *fig.*, dem.-rel.

> Exemplaire précieux par les notes manuscrites dont il est enrichi, qui sont les corrections de Mauduit lui-même, écrites par M. Dauvergne, qui le remplaçait au Collége de France lorsqu'il ne pouvait faire son cours. Ce ne sont pas, du reste, de simples notes, mais des suppléments considérables reliés avec l'ouvrage.

525. Maurolyci (Francisci) messanensis emendatio et restitutio conicorum Apollonici Pergæ. *Messanæ,* 1654, pet. in-fol., dem.-rel. v.

526. Monge. Application de l'analyse à la géométrie. *Paris,* 1809, in-4, *fig.*

527. — Application de l'analyse à la géométrie; 4ᵉ édit. *Paris,* 1809, in-4, dem.-rel., pl.

528. Neutoni Genesis curvarum per umbras, seu perspectivæ universalis elementa (par Murdoch). *Londini,* 1746, in-8, *fig.*, rel. bas.

> Ouvrage qui est loin de manquer d'originalité.

529. Nouveaux Principes de la perspective linéaire, trad. de l'anglais de Brook Taylor, et du latin de Patrice Murdoch (par le P. Rivoire). *Amsterdam,* 1757, in-8, *fig.*, rel. v.

530. Ozanam. Les Élémens d'Euclide, du R.-P. Dechalles, démontrés d'une manière simple et nouvelle, revue par M. Audierne. *Paris,* 1746, in-12, *fig.*, rel. v.

531. Pagan (Le comte de). Les Dix Livres des théorèmes géométriques. *Paris,* 1654, in-12, *fig.*, vélin.

532. Paucton. Métrologie, ou Traité des mesures, poids et monnaies des anciens peuples et des modernes. *Paris,* 1780, in-4, v. m., fil.

533. Puissant (Louis). Recueil de diverses propositions de géométrie. *Paris,* 1801, in-8, *fig.*, br.

534. — Recueil de diverses propositions de géométrie, résolues ou démontrées par l'analyse; 3ᵉ édit. *Paris,* 1824, in-8, dem.-rel.

535. Recueil de dissertations : De linearum curvarum cum rectis comparatione diff. geometrica (auctore Fermat). *Tolosæ,* 1660, in-4, *fig.* — Opusculum geometricum de Linea sinuum et cycloide, auctore Antimo Farbio. *Romæ,* 1659, in-4, *fig*. — De conchoidibus et cyssoidibus exercitationes geometricæ, auctore R. P. *Tolosæ*, 1697, in-4.—Flores geometrici ex rhodonnarum et cleliarum curvarum descriptiones resultantes, aut. Guid. Grandi. *Florentiæ*, 1728, in-4, *fig*.

Recueil de dissertations fort rares de Fermat et autres.

536. Reimer (N. Th.). Historia problematis de cubi duplicatione, auctore Nicolao-Theodoro Reimer. *Gottingæ*, 1798, in-8, *fig*., cart.

537. Reynaud. Traité d'application de l'algèbre à la géométrie. 1819, in-8, br.

538. Rivard. Trigonométrie rectiligne et sphérique, avec la construction des tables, des sinus, des tangentes, des sécantes et des logarithmes. *Paris*, 1750, in-8, rel. v.

Ouvrage encore estimé et dont les tables sont bonnes à consulter à cause de leur correction.

539. Romé de l'Isle. Métrologie, ou Tables pour servir à l'intelligence des poids et mesures des anciens, et déterminer la valeur des monnoies grecques et romaines. *Paris, Imprimerie de Monsieur*, 1789, in-4, br.

540. Schooten (Francisci a) principia matheseos universalis, seu introductio ad geometriæ methodum Renati Des Cartes, edita ab Er. Bartholino, casp. fil. *Lugd.-Batav., ex officina Elzeviriorum*, 1651.—Francisci a Schooten exercitationes mathematicarum. *Lugd.-Batav., ex officina Johannis Elzevirii*, 1656, 4 part.

Ces cinq parties, petit in-4 en un seul volume, sortent toutes des presses elzeviriennes et sont peu communes. Notre exemplaire, en ancienne reliure veau fatiguée, a appartenu à Montucla, auteur de l'*Histoire des Mathématiques*, qui y a mis sa signature et a écrit plusieurs pages de notes.

541. Serret (Paul). Des Méthodes en géométrie. *Paris*, 1855 in-8, br.

542. Serret (J. A.). Traité de trigonométrie. *Paris*, 1850, in-8, br.

543. Serret (J. A.) et Ch. Bourgeois. Leçons sur les explications pratiques de la geométrie et de la trigonométrie. *Paris, Bachelier*, 1851, in-8, br.

544. Simson (Rob.). Sectionum conicarum libri quinque. *Edimburgi*, 1750, in-4, *fig*., rel. v.

Reliure fatiguée.—Meilleure édition de cet ouvrage estimé.

545. Sonnet (H.). Géométrie théorique et pratique, avec de nombreuses applications au dessin linéaire, à l'architecture, etc. *Paris*, 1848, in-8, 1 vol., et 1 vol. de planch., br.

546. Stirling (J.). Isaaci Newtoni enumeratio linearum tertii ordinis. *Parisiis,* 1797, in-8, dem.-rel. *Planches.*

547. Tacquet (Andreæ) Euclidis Elementa geometriæ solidæ ac planæ, selecta ex Archimede theoremata. *Cantabrigiæ,* 1722, in-8, *fig.,* v. m.

548. — Elementa Euclidea geometriæ planæ et solidæ, et selecta Archimedis theorem.; ejusdemque trigonometria plana, corollariis et notis illustrata a G. Whiston; accedunt R. J. Boscovich trigonometria spherica et Guidonis Grandi sectiones conicæ, cum annotationibus Oct. Cometi. *Romæ,* 1745, 2 vol. in-8 en un seul, *fig.,* dem.-rel.

Ouvrage rare et l'un des plus complets en ce genre.

549. Tardy (J. B.). Opuscule mathématique, présenté à Sa Majesté impériale et royale, sur les abus et les dangers des méthodes analytiques dans le mesurage effectif de l'étendue, par J. B. Tardy, ancien militaire français dans l'arme du génie (1810?). In-8, rel. mar. rouge, dor. sur tr., dent.

C'est sans doute l'exemplaire de dédicace.

550. Valette (Sim.). La Trigonométrie sphérique résolue par le moyen de la regle et du compas. *Bourges* et *Paris,* 1757, in-8, dem.-rel.

Ouvrage curieux, surtout pour l'époque où il a paru, et contenant de très-bonnes applications à la gnomonique. La Lande ne le cite pas dans sa *Bibl. astr.*—Notes biographiques et manuscrites fort intéressantes sur Siméon Valette, né à Montauban et mort près de cette ville : il paraît qu'étant chez Voltaire, il donna au grand poëte l'idée de sa fameuse pièce : *le Pauvre Diable.*

551. Vallé (L.-L). Traité de géométrie descriptive. *Paris,* 1819, 2 vol. in-4, *fig.,* br.

Beau portrait de Gaspard Monge.

552. Wallisii (Johannis) De angulo contractus et semicirculi disquisitio geometrica. *Oxonii,* 1656, in-4. — Joh. Wallisii de sectionibus conicis tractatus. *Oxonii,* 1655, 2 part. en 1 vol. in-4, rel. v. b.

553. — Tractatus duo : prior de Cycloide et corporibus inde genitis; posterior in quo agitur de cissoide et corporibus inde genitis, et de curvarum. *Oxoniæ, Lichfield,* 1659. — La Hire. De Cicloide. — Hugenii (Chr.) De circuli magnitudine inventa. 1 vol. in-4, v. br., *fig.*

554. Agnesi (Mlle). Traités élémentaires de calcul différentiel et de calcul intégral; trad. de l'italien (par d'Anthelimi). *Paris*, 1775, in-8, *fig.*, rel. v.

Exemplaire couvert de notes dont les plus récentes sont de M. Fournerat, qui a donné au commencement des détails intéressants sur la publication de ce volume. Les plus anciens caractères paraissent de la main de de La Lande.

555. Agnesi (Donna Maria Gaetana). Instituzioni analitiche. *Milano*, 1748, 2 vol. in-4, *fig.*, rel. v. éc., d. s. tr.

Bel exemplaire de cet ouvrage, l'un des plus savants et des plus clairs qui aient été publiés à cette époque sur la haute analyse, et dont M. Lacroix faisait le plus grand cas. On a mis dans le 1er volume une biographie avec portrait de l'auteur, Mlle Marie Agnesi, aussi remarquable par ses talents que par sa beauté. (Petite brochure in-8, de 8 p. *Milano*, 1836.)

556. Bachet de Méziriac. Problèmes plaisans et délectables qui se font par les nombres, par Claude Gaspar Bachet, sieur de Meziriac. *Lyon, Pierre Rigaud*, 1624, in-8, rel., v.

Bel exemplaire (conforme à l'indication du *Manuel*) d'un ouvrage qui fut le premier essai de récréations mathématiques.

557. Bails (Benito). Tabla de logaritmos de todos los numeros naturales desde i hasta 200; y de los logaritmos de los senos tangentes de todos los grados y minutos del quadrante de circulo. *Madrid, Ibarra*, 1804, in-4, bas. marb.

Cet ouvrage est précédé d'une excellente introduction.

558. Belanger. Géométrie analytique et Calcul infinitésimal. *Paris*, 1842, in-8, br.

559. Bernoulli (Jacobi) Ars competandi, opus posthumum; accedit tractatus de Seriebus infinitis. *Basiliæ*, 1713, in-4, rel., v.

Ouvrage recherché. A la suite : *Lettres à un ami sur les parties du jeu de paume*, 35 p.

560. Bertrand (J.), membre de l'Institut. Traité de calcul différentiel et de calcul intégral. *Paris, Gauthier-Villars*, 1864, in-4, *fig.*, br.

561. Borda (Ch.). Tables trigonométriques décimales, ou table des logarithmes, des sinus, sécantes et tangentes, précédées de la table des logarithmes des nombres. *Paris, imp. de la République, an IX*, in-4, dem.-rel. v.

562. Briot. Leçons d'algèbre, 2e partie, à l'usage des élèves. 1855, in-8, cart.

563. Brunacci (Vincenzio). Calcoli integrale delle equazioni lineari. *Firenze*, 1798, in-4, br.

564. Clairaut. Eléments d'algèbre, 4e édit. *Paris*, 1768, in-8, rel. v.

565. Clavii (Christophori) Bambergensis Algebra. *Romæ*, 1608, pet. in-4, *fig.*, vél.

Ouvrage curieux sur les anciens procédés algébriques, qui s'y trouvent résumés avec clarté et détail.

566. Commercium epistolicum J. Collins et aliorum de analysi promota, etc., ou Correspondance de J. Collins et d'autres savants célèbres du xviie siècle, relative à l'analyse supérieure, par Biot et Lefort. *Paris, Mallet-Bachelier*, 1856, in-4, br.

567. Cossali (Pietro). Origine, transporto in Italia, primi progressi in essa dell' algebra, storia critica di nuove disquisizione analitiche e metafisiche arrichita. *Parma*, 1797-99, 2 vol. in-4, *fig.*, dem.-rel. v.

Très-bel exemplaire.

568. Cournot (A.-A.). Traité élémentaire de la théorie des fonctions et du calcul infinitésimal. *Paris*, 1841, 2 vol. in-8, br.

569. Cousin (J.-A.-J.). Traité de calcul différentiel et de calcul intégral. *Paris*, 1796, 2 part., in-4, rel. v.

570. — Traité de calcul différentiel et de calcul intégral. *Paris*, 1796, 2 vol. in-4, *fig.*, br.

571. Cramer (Gab.). Introduction à l'analyse des lignes courbes algébriques. *Genève*, 1850, in-4, *fig.*, anc. rel. v. m.

Ouvrage fort estimé et devenu rare.

572. Diophanti Alexandrini arithmeticorum libri sex et de numeris multangulis liber unus, nunc primum græce et latine editi atque commentariis illustrati, auctore C.-G. Bacheto. *Lutetiæ-Parisiorum, Drouart*, 1621, in-fol., bas. (*Taches.*)

573. Duhamel. Eléments de calcul infinitésimal. *Paris, Mallet-Bachelier*, 1856, 2 vol. in-8, br.

574. — Cours d'analyse. *Paris*, 1847, 2 vol. in-8, br.

575. Essay d'analyse sur les jeux de hazard, seconde édition, revue et augmentée de plusieurs lettres (par Montmort). *Paris*, 1713, in-4, rel. v. marb.

Ouvrage rare et recherché.

576. Essay d'analyse sur les jeux de hazard (par Ramond de Montmort). *Paris*, 1708, in-4, *fig.*, rel. v.

Curieuse note biographique et manuscrite sur les gardes de cet exemplaire, qui vient de la bibliothèque de M. de Caumartin.

577. Euler (Léonard). Introduction à l'analyse infinitésimale, trad. du lat. en franç. avec des notes, par J.-B. Labey. *Paris, Barrois l'aîné, an IV* (1796), 2 vol. in-4 en un seul, *fig.*, dem.-rel. v.

578. Euleri (Leonhardi) Institutiones calculi integralis. Editio altera, correctior. *Petropoli,* 1792, 2 vol. in-4, en 1, dem.-rel., v.

579. Euler. Elémens d'algèbre, trad. de l'allemand. *Lyon,* 1774, 2 vol. in-8, dem.-rel. bas.

580. — Introductio in analysin infinitorum. *Lugduni,* 1797, 2 vol. in-4 en un seul, *fig.,* dem.-rel. v.

581. — Introduction à l'analyse des infiniment petits, trad. du latin par MM. Pezzi et Kramp. *Strasbourg,* 1786, in-8, rel. bas.

Travail remarquable que Kramp n'a jamais pu achever, et dont Labey, géomètre, professeur à l'école centrale du Panthéon, s'est servi avec succès, sans toutefois faire oublier le modèle.

582. — L'Arithmétique raisonnée et démontrée, œuvres posthumes, trad. en français par Bernoulli. *Berlin,* 1792.

Il y a eu des discussions au sujet de cet ouvrage, que quelques savants ne croient pas devoir attribuer à Euler, mais qui contient cependant de très-utiles notions.

583. — Institutiones calculi differentialis, cum ejus usu in analysi infinitorum ac doctrina serierum. *Ticini,* 1787, 3 vol. in-4, rel. bas.

Bel exemplaire de cette bonne édition.

584. Exposition des moyens les plus faciles de résoudre plusieurs équations, etc. (par Le Monnier). *Paris,* 1772, in-8, *fig.,* dem.-rel.

Ouvrage qui n'a de mérite que d'avoir appartenu à de La Lande, qui y a mis sa signature et a noté plusieurs observations, et notamment une impertinence de l'auteur contre La Caille, p. 33. — Cet exemplaire a ensuite passé dans la bibliothèque de Delambre qui, au bas de la première page de la préface, a écrit deux vers de Molière.

585. Frenet (M.-F.). Recueil d'exercices sur le calcul infinitésimal. *Paris, Mallet-Bachelier,* 1856, in-8, *fig.,* dem.-rel.

586. Freycinet (Charles de). De l'Analyse infinitésimale, étude sur la métaphysique et le haut calcul. *Paris, Mallet,* 1860, in-8, br.

587. Gardiner. Tables de logarithmes. *Avignon, M.DCC.LXX,* in-fol., cart.

Exemplaire précieux portant la signature de La Lande et de nombreuses notes de sa main, et notamment une feuille tout entière d'*errata.* Des mains de La Lande, il est passé en celles de Mme du Piéry, qui fut son collaborateur dans une foule de travaux astronomiques, et à laquelle il a dédié sa *Petite Astronomie des Dames.* Voir la curieuse note que l'un de ses derniers possesseurs a mise sur la garde du volume.

588. — Tables de logarithmes. *Avignon, M. DCC. LXX,* in-fol., v.

589. Garnier (J.-G.). Leçons de calcul différentiel. *Paris*, 1811, in-8, *fig.*, br.

590. — Leçons de calcul différentiel, 3ᵉ édit. 1811, in-8, br.

591. Gruson (J.-Ph.). Pinacothèque, ou collection de tables d'une utilité générale pour multiplier et diviser. *Berlin*, 1798, in-8, br.

592. Hospital (Le Mⁱˢ de l'). Analyse des infiniment petits pour l'intelligence des lignes courbes, nouvelle édition, revue par Lefèvre. *Paris*, 1781, in-4, *fig.*, rel. v. f.

593. Institutiones analyticæ a Vincentio Riccato et Hieronymo Paladino collectæ. *Bononiæ*, 1765, 3 vol. in-4, *fig.*, br.

> Le tome 3 manque.

594. Institutiones analyticæ eārumque usus in geometria, auctore Paulino a S. Josepho Lucensi. *Venetiis*, 1792, in-12, *fig.*, vél.

595. Lacroix (S.-F.). Traité du calcul différentiel et du calcul intégral, avec le Traité des différences et des séries. *Paris*, 1810-19, 3 vol. in-4, *fig.*

596. Lagny (De). Nouveaux Eléments d'arithmétique et d'algèbre, ou introduction aux mathématiques. *Paris*, 1697, in-12, rel. v.

> Livre oublié qui n'est pas sans mérite, la distinction de l'analyse et de la synthèse y est claire et savante.

597. La Lande (De). Tables de logarithmes pour les nombres et pour les sinus. *Paris, Didot, an X* (1802), in-18, br.

> Don de l'auteur avec signature.

598. — Tables des logarithmes pour les nombres et pour les sinus. *Paris, Didot*, 1802, in-12, rel. v., dor. s. tr.

> Exemplaire ayant appartenu à La Lande même, qui y a fait des additions et corrections de sa main. Il a été acheté en 1839 à la mort de François de La Lande.

599. Même ouvrage, même édition, rel. mar. r., dor. s. tr. (*Doublé de tabis.*)

> Notes manuscrites de l'écriture microscopique de M. de La Lande.

600. Laplace (Le Cᵗᵉ de). Théorie analytique des probabilités. *Paris*, 1812, in-4, br.

601. Lecointe. Solutions développées de 300 problèmes, etc. *Paris*, 1865, in-8, br.

602. Legendre. Exercice de calcul intégral sur divers ordres

de transcendantes et sur les quadratures. *Paris*, 1811, in-4, dem.-rel.

603. Leseur et Jacquier (Les PP.). Eléments du calcul intégral. *Parme,* 1768, 2 vol. in-4, dem.-rel., v.

604. Lhuillier (Sim.). Eléments raisonnés d'algèbre. *Genève,* 1804, 2 vol. in-8, dem.-rel.

605. — Eléments d'analyse géométrique et d'analyse algébrique, appliqués à la recherche des lieux géométriques. *Paris,* 1809, in-4, *fig.*, cart., non rog.

> Sim. Ant. J. Lhuillier, né à Genève, est mort en 1846, âgé de 90 ans. M. Sturm, membre de l'Académie, fut un de ses élèves.

606. — Principiorum calculi differentialis et integralis expositio elementaris. *Tubingæ*, in-4, br., *fig.*

607. Lorgna (Antonii Marii) De casu irreductibili tertii gradus et seriebus infinitis exercitatio analytica. *Veronæ*, 1771, in-4, vél.

> Exemplaire du comte de Saluces, principal fondateur de l'Académie des sciences de Turin, l'ami et l'émule de son compatriote Lagrange.

608. Montucla. Histoire des recherches sur la quadrature du cercle. *Paris*, 1831, in-8, *fig.*, dem-rel.

609. Neper (Joan.) Logarithmorum canonis descriptio, seu arithmeticarum supputationum mirabilis abbreviatio, authore ac inventore Joanne Nepero. *Lugduni*, 1620, pet. in-4, *fig.*, cart.

> Très-rare et difficile à rencontrer. Cette édition, qui est la 1re complète des deux célèbres ouvrages de l'illustre Neper, comprend 4 feuillets préliminaires, y compris le titre et 3 parties avec pagination différente. — Nous joignons à cet exemplaire un manuscrit de M. Fournerat sur les logarithmes, et un mémoire sur Neper ou Napier et sur l'invention des logarithmes, par M. Biot, mémoire extrait du *Journal des savants* et tiré à part.

610. Neper (J.). Arithmetica logarithmica, sive logarithmorum chiliades centum, pro numeris naturali serie crescentibus ab unitate ad 100.000 una cum canone triangulorum, Johannes Neperus Baro. *Goudæ*, 1628, in-fol., vélin.

> La marge du bas de quelques feuillets est enlevée.

611. Newton. Arithmétique universelle, trad. par M. Beaudeux. *Paris*, 1802, 2 vol. in-4 en 1 seul, *fig.*, dem.-rel. v.

612. Newton (Isaac). La Méthode des fluxions et des suites infinies (trad. par Buffon). *Paris*, 1740, in-4, *fig.*, rel. v.

613 — Philosophiæ naturalis principia mathematica. *Amsterdam,* 1714, in-4, *fig.*, rel. v.

614. — Arithmetica universalis, cum commentario Johannis Castillioni. *Amstelodami*, 1760, 2 vol. in-4, rel. v.

615. Paoli (Pietro). Elementi di algebra. *Pisa,* 1803, 3 vol. pet. in-4 en un seul, *fig.*, dem.-rel. v.

Bel exemplaire de la meilleure édition.

616. Parisot. Traité du calcul conjectural, ou l'art de raisonner sur les choses futures et inconnues. *Paris,* 1810, in-4, dem.-rel. v.

617. Peletier. L'Algèbre de Iaqves Peletier, dv Mans, departie en deux livres, à très illvstre signevr Charles de Cossé, marechal de France. *A Lion, par Ian de Tournes,* 1554, pet. in-8, rel. v.

Bon exemplaire d'un livre rare et curieux pour l'histoire de l'ancienne algèbre. C'est pour la première fois que nous rencontrons à la fin du volume l'adresse de *Jaques Peletier aus francoes,* aussi singulière par la forme que par le fonds, comprenant 2 feuillets et daté de Lyon le 28 juillet 1554. L'exemplaire Coste vendu 32 francs ne l'avait pas, et *Brunet* ne l'indique pas.

618. Recueil de pièces : Nouvelles méthodes pour résoudre les équations des degrés supérieurs. — Remarques sur la partie élémentaire de l'algèbre, par Boucharlot. *Lyon,* 1804. —Leçons analytiques du calcul des fluxions et des fluentes ou calcul différentiel et intégral, par Girault. *Paris,* 1777, *fig.* — Introduction aux sections coniques, pour servir de suite aux Elém. de géométrie de Rivard, par Mauduit. *Paris,* 1761, *fig.* —Traité des propriétés communes à toutes les courbes, suivi d'un mémoire sur les éclipses de soleil. *Paris,* 1778, *fig.* — Essai sur les effets de la poudre dans les armes à feu, par de Cazaux. *Paris,* 1818. — Essai sur les nombres approximatifs, par Massabiau. *Paris, an VII, fig.* — Réflexions sur la métaphysique du calcul infinitésimal, par Camor. *Paris,* 1797, *fig.* — Démonstration du principe fondamental de la théorie des parallèles, par E. D. Bois-Bertrand. *Paris,* 1812, *fig.*; un vol., in-8, dem.-rel.

619. Reyneau (Le P.). Analyse démontrée, ou la méthode de résoudre les problèmes des mathématiques. *Paris,* 1736, 2 vol. in-4 en 1 seul, *fig.*, rel. v.

620. Schulten. Logarithmiska Taflor, och atskilliga Andra Tabeller som aro nyttiga uti astronomien, navigation och geographien, utgifne af Nathanaël Gerhard Schulten. *Stockholm,* 1802, in-8, br.

Tables peu communes chez nous.

621. Serret (J. A.). Cours d'algèbre supérieure. *Paris,* 1849, in-8, br.

622. Simpson (Th.). Essays on several curious and useful subjects in speculative and mix'd mathematicks. *London,* 1740, in-4, *fig.*, rel. v.

623. — Eléments d'analyse pratique. *Paris, Jombert,* 1771, in-8, v. marb.

624. Sonnet. Algèbre élémentaire. *Paris, Hachette*, 1848, in-8, br. — Géométrie théorique et pratique. *Paris*, 1848, in-8, planches, br. — Cours élem. de mathématiques pures de A. S. de Montferrier. *Paris*, 1837, 2 vol. in-8, br.

625. Stonne. Analyse des infiniment petits, servant de suite aux infiniment petits du marquis de l'Hospital. *Paris,* 1735, in-4, *fig.*, rel. v.

Exemplaire portant sur le titre la signature de de Lalande.

626. Tables de logarithmes pour les sinus et tangentes (par de La Lande). *Paris*, 1768, in-12, rel. v. fat., dor. s. tr.

Exemplaire chargé de notes de la main de de La Lande.

627. Vega (Georgius). Thesaurus logarithmorum completus. *Lipsiæ*, 1794, in-fol., v. f.

Ce bel exemplaire est surtout précieux en ce qu'il porte un feuillet manuscrit contenant une dédicace latine du célèbre de La Lande, signée de Georgius Vega lui-même.—Sur les gardes du livre, signature de La Lande. — Vendu après la mort de La Lande, ce volume passa successivement dans lescabinets de MM. de la Grave et Fournerat.

628. Vega's (Georg.) Logarithmisch-trigonometrisches Handbuch. *Leipsic*, 1793, pet. in-4, rel. v. f.

Bel exemplaire provenant de François de La Lande, membre de l'Institut et neveu de l'illustre astronome, lequel exemplaire porte la signature d'Amélie de La Lande, sa fille, très-versée dans les calculs astronomiques.

629. — Logarithmisch-trigonometrische tafeln. *Leipsig*, 1797, 2 vol. in-8, dem.-rel.

630. Wallisii (Johannis) Arithmetica infinitorum. *Oxonii*, 1656, in-4, *fig.*, rel. v.

On a joint à cet exemplaire une brochure peu commnne du même Wallis : *Eclipsis solaris Oxonii visu anno* 1654. *Oxonii,* 1655.

631. Walmesley (D. C.). Analyse des mesures des rapports et des angles, ou réduction des intégrales aux logarithmes et aux arcs de cercle. *Paris*, 1753, in-4, *fig.*, rel. v.

I. ASTRONOMIE.

A. HISTOIRE, TRAITÉS DIVERS ET SPÉCIALITÉS.

632. Aboul Hassan. Traité des instruments astronomiques des Arabes, composé au XIIIe siècle par Aboul Hassan Ali, de Maroc, traduit de l'arabe par J.-J. Sédillot. *Paris, Imp. Roy.*, 1834, 2 vol. in-4 en 1 seul, dem.-rel. v.

633. Alfragani (Muhamedis) Arabis chronologica et astronomica elementa. *Francofurti*, 1618, in-12, rel. v., fat.

Livre rare et curieux. Voir Delambre, *Hist. de l'astr. du moyen âge.* — La Lande, *Bib. astr.* — Weidler, *Hist. astr.*, etc.

634. Annuli (J.) astronomici, instrumenti cum certissimi tum commodissimi usus, ex variis auctoribus, Petro Beaufardo, Gemma Frisio, Joanne Dryandro, Boneto Hebræo, Burchardo Mythobio, Orontio Finæo, una cum meteoroscopio per Ioanne Regiomontanum, et Annulo non universali M. T. authore. *Lutetiæ, apud Gulielmum Cavellat,* 1557, in-8, *fig.*, rel. v. éc.

Charmant exemplaire en bonne conservation d'un livre intéressant pour l'astronomie du moyen âge et orné de curieuses figures.

635. Bagay (V.). Nouvelles tables astronomiques et hydrographiques. *Paris*, 1829, in-4, dem.-rel. v.

636. Bailly. Histoire de l'astronomie ancienne. *Paris*, 1765, in-4, v. m.

637. — Traité de l'astronomie indienne et orientale, ouvrage qui peut faire suite à l'histoire de l'astronomie ancienne. *Paris, Debure,* 1787, in-4, v. marb.

637 bis. — Histoire de l'astronomie moderne depuis la fondation de l'école d'Alexandrie jusqu'à l'époque de 1730. *Paris, Debure,* 1779, 3 vol. in-4, v. marb.

638. Baily (Fr.). Astronomical tables and formulæ together with a variety of problems explanatory of their use and application, to which are prefixed the Elements of the Solar Systems. *London*, 1827, in-8, cart., n. rog.

Exemplaire sur beau papier portant le n° 78. Don de l'auteur à M. Poisson, de l'Académie.

639. Bentley (John). A Historical view of the Hindu astronomy. *London*, 1825, in-8, *fig.*, cart., n. rog.

Exposé historique sur l'astronomie indienne ancienne et moderne; ouvrage plein d'intérêt et d'exactitude, bien supérieur aux travaux précédents sur cette matière et spécialement sur ceux de Bailly.

640. Beveregius (Gul.). Institutionum chronologicarum libri duo, una cum totidem arithmetices chronologicæ libellis. *Trajecti-ad-Rhenum*, 1734, in-8, *vélin.*

Quatrième et dernière édition de cet excellent ouvrage. Tous les livres de ce savant évêque sont d'ailleurs fort rares, et ceux qui ont paru dans les ventes La Vallière et Boutourlin ont atteint des prix élevés. Notre exemplaire provient de M. Gohier, ancien membre du Directoire.

641. Blaeu (Guillaume). Institution astronomique de l'usage des globes et sphères célestes et terrestres, comprise en deux parties, l'une suivant l'hypothèse de Ptolémée, qui veut que

la terre soit immobile; l'autre selon l'intention de **Copernic,**
qui tient que la terre est mobile. *Amsterdam,* **1642,** pet.
in-4, *fig., vélin.*

Livre curieux.

642. Boscovich (Rog. Jos.). De inæqualitatibus in motu **Jovis**
et Saturni. *Romæ,* 1656, in-4, *fig.,* vélin.

Exemplaire de de La Lande vendu en 1808, avec son estampille.
C'est le n⁰ 1269 de son catalogue.

643. Bosc (Geor. Math.). In eclipsin terræ 1733 commentatur.
Lipsiæ, 1733, in-4, *fig.,* rel. vélin.

Travail le plus considérable et le plus complet qui ait jamais été
fait sur une éclipse de soleil. Celle dont il s'agit ici, du 2 mai 1733,
ancien style, ou du 13 mai, style grégorien, fut totale et excita au
plus haut point l'attention des astronomes de cette époque.

644. Bouguer et de La Condamine. La Figure de la terre, déterminée par les observations de MM. Bouguer et de La Condamine, aux environs de l'équateur. *Paris,* 1749, in-4,
rel. v.

« Livre qui ne peut trop être étudié par les physiciens et les astro-
« nomes, parce qu'il offre un modèle parfait de l'art d'observer. »
(Biot, *Biog. univ.,* article Bouguer.)

645. Boyer (J. Le). Traité complet du Calendrier, considéré
sous les rapports astronomique, commercial et historique,
dans lequel on trouve les éphémérides de tous les peuples et
de tous les temps. *Nantes,* 1822, in-8, dem.-rel. v.

Excellent ouvrage et le plus complet en ce genre.

646. Bullialdi (Ismaelis) Astronomia Philolaica. *Paris,* 1645,
in-fol. v.

Ouvrage assez important, vendu 20 fr. Labey.

647. Burchard. Annali cum sphærici tum mathematici usus
et structura. 1536. — Theoricæ novæ planetorum Georgii
Purbachii. 1535.—Prœli sphæra, Th. Linacro. 1534. — Elementale geometri Euclidis. 1534. En un vol. pet. in-8, cart.,
fig. sur bois.

648. Cagnoli (Antonio). Notizie astronomiche adatte all' uso
comune. *Milano,* 1826, grand in-16, *fig.* et *portr.,* vél.

Charmante reliure italienne.

649. Caravelli (Vito). Trattate d'astronomia. *Napoli,* 1782,
3 vol. in-8, *fig.,* vélin.

650. Cassini. Tables astronomiques du soleil, de la lune, des
planètes, des étoiles fixes, et des satellites de Jupiter et de
Saturne. *Paris, Imp. Roy.,* 1740, in-4, *fig.,* rel. v.

Bel exemplaire, ayant appartenu à M. Delambre, qui y a mis beaucoup de notes.

651. Cassini. Elém. d'astronomie. *Paris*, 1740, in-4, *fig*., rel. v.

652. Cassini de Thury. Relation de deux voyages faits en Allemagne par rapport à la figure de la terre, etc. *Paris*, 1763, in-4, dem.-rel. *Cartes*.

653. — La Méridienne de l'Observatoire royal de Paris, vérifiée dans toute l'étendue du royaume. *Paris*, 1744, in-4, *fig*., rel. v.

654. Clairaut. Théorie de la figure de la terre. *Paris*, 1743, in-8, *fig*., rel. v. f., tr. dor., dent.

655. Comte (Auguste). Traité philosophique d'astronomie populaire. *Paris*, 1844, in-8, dem.-rel.

656. Condamine (De La). Mesure des trois premiers degrés du méridien dans l'hémisphère austral. *Paris, Imp. Roy.*, 1751, in-4, br.

657. Copernic (Nic.). Astronomia instaurata libris sex comprehensa, opera et studio Nic. Mulerii. *Amstelodami*, 1617, in-4, parch.

658. D'Alembert. Recherches sur la précession des équinoxes et sur la nutation de l'axe de la terre. *Paris*, 1749, pet. in-4, *fig*., rel. v.

659. — Recherches sur la précession des équinoxes et sur la nutation de l'axe de la terre dans le système newtonien. *Paris*, 1759, pet. in-8, *fig*., rel. v.

660. Delambre. Abrégé d'astronomie. *Paris*, 1813, in-8, *fig*., dem.-rel. v.

661. — Astronomie théorique et pratique. *Paris, Courcier*, 3 vol. in-4, v. rac.

662. — Tables de Jupiter et de Saturne. *Paris*, 1789, in-4, cart., vél.

663. — Histoire de l'Astronomie au dix-huitième siècle, publiée par Mathieu. *Paris, Bachelier*, in-4, pap. vergé, v. rac. (*Figures*.)

664. — Histoire de l'Astronomie du moyen âge. *Paris, veuve Courcier*, 1819, in-4, pap. vergé, v. rac. (*Figures*.)

665. — Histoire de l'Astronomie ancienne. *Paris*, 1817, t. II. — Histoire de l'Astronomie moderne. 1821, t. Ier. — Astronomie théorique et pratique. 1814, t. II et III. Ens. 4 vol. in-4, v. rac.

666. Delaunay (Ch.). Cours élémentaire d'astronomie. *Paris*, 1855, in-12, *fig*., br.

667. Deparcieux. Traité des Annuités, avec tables. *Paris*, 1781, in-4, br.

668. Esprit des Almanachs (L'), analyse critique et raisonnée

de tous les almanachs anciens et modernes. *Paris,* 1783, 2 vol. in-12, dem.-rel. bas.

Ce livre est aussi intéressant au point de vue bibliographique et pourrait entrer dans les bibliographies spéciales.

669. Exposé des opérations faites en France, en 1787, pour la position des observatoires de Paris et de Greenwich, par MM. Cassini, Méchain et Legendre. *Paris, s. d.,* in-4, *fig.,* br.

670. Francœur. Uranographie, ou Traité élémentaire d'astronomie, à l'usage des personnes peu versées dans les mathématiques. *Paris,* 1818, in-8, *fig.,* dem.-rel.

671. Francœur (B.). Astronomie pratique, usage et composition de la connaissance des temps. *Paris, Bachelier,* 1830, in-8, dem.-rel.

672. Gauss (Car. Frid.). Theoria motus corporum cœlestium in sectionibus conicis solem ambientium. *Hamburgi, Perthes,* 1809. in-4, *fig.,* dem.-rel. v. vert.

673. Gautier (A.). Thèse d'astronomie sur quelques points des théories de la lune et des planètes. *Paris,* 1817, in-4, br.

674. Hansen (P. An.). Fundamenta nova investigationis orbitæ veræ quam luna perlustrat. *Gothæ,* 1838, in-4, br.

675. Harmonie des deux sphères, céleste et terrestre, ou la Correspondance des étoiles aux parties de la terre. *Paris, s. n.,* 1731, in-12, rel. v.

Ouvrage encore intéressant.

676. Horrebowius (Petrus). Basis astronomiæ, sive astronomiæ pars mechanica. *Hauniæ,* 1735, in-4, *fig.,* dem.-rel.

Excellent ouvrage à la suite duquel se trouve le *Copernicus triumphans* du même auteur, 1727.

677. Humius (Jacobus). Sphères de Copernic et Ptolémée, avec l'usage et construction des tables sphériques de Regiomontanus. *Paris,* 1637, in-12, *fig.,* vél.

678. Keill (Joan.). Introductio ad veram astronomiam. *Londini, s. d.,* in-8, *fig.,* dem.-rel.

Ouvrage estimé.

679. Kepler (Joan.). Epitome astronomiæ copernicanæ. *Francofurti,* M.DC.XXXV, 2 t. pet. in-8 en 1 vol., *fig.,* rel. bas.

Exemplaire provenant du chancelier Seguier, passé ensuite dans la bibliothèque de M. de Coislin, évêque de Metz.

680. Keppleri (Joannis) Harmonices mundi libri V. *Lincii Austriæ,* M.DC.XIX, in-fol., *fig.* — Martini Hortensi delfensis responsio ad additiunculam D. Joannis Kepleri. *Lugduni-Batavorum,* CIɔIɔᶜXXXI, in-8.—Prodomus dissertationum cosmographicarum continens mysterium cosmographicum

a Joanne Keplero. *Francofurti*, M.DC.XXI, in-fol. de 163 p.,
fig.—Joannis Kepleri mathematici pro suo opere harmonices
mundi apologia adversus demonstrationem analyticam Cl.
V. D. Roberti de Fluctibus, medici oxoniensis. *Francofurti*,
M.DC.XXII, in-fol. de 50 pages, rel. v.

> Ce précieux volume contient donc quatre ouvrages fort rares. La
> première partie seule s'est vendue à la vente Labey. — La 2ᵉ bro-
> chure de 54 p. non compris le titre et le dernier feuillet est a peu
> près inconnue.

681. Kepleri (Joh.), Mathem. et Jacobi Bartschil Tabulæ
Manuales logarithmicæ ad calculum astronomicum; introductio, nova curante Joh. Casp. Eisenschmid. *Argentorati*,
1700, in-12, cart.

> Exemplaire ayant appartenu à l'illustre Delambre, et avec lequel il
> redigea la savante analyse qu'il donna de cet ouvrage à l'art. Kepler
> et dans son *Hist. de l'Astr. mod.*, t. I, p. 530 et suivantes.

682. Kramp. Analyse des réfractions astronomiques et terrestres. *Leipsic, an VII* (1799), in-4, dem.-rel. v.

683. Lacroix (J.-F.). Introduction à la géographie mathématique
et critique, nouvelle édit. *Paris, Dentu*, 1811, in-8, *avec 8
pl.*, dem.-rel. v.

683 *bis*. Lambert (I.-H.). Insigniores orbitæ cometarum pro-
prietates. 1761, in-8, dem.-rel.

684. La Lande (De). Astronomie. *Paris*, 1771, 3 vol. in-4,
fig., rel. v. — Supplém. à cette astron., où se trouve *le
Traité du flux et reflux de la mer*, par de Lalande. *Paris*, 1781, in-4, *fig.*, dem.-rel. v., fat.

685. — Astronomie des dames. *Paris*, 1795, in-16, dem.-
rel. v.

> Dédicace à madame du Piery.

686. — Abrégé d'astronomie. *Paris*, 1774, in-8, *fig.*, rel. v.,
dor. s. tr.

> Exemplaire précieux et unique, ayant appartenu à l'auteur, qui en a
> chargé les pages de corrections et d'additions de sa main. Ce volume
> a été acheté à la vente de Michel Jean Jérome le François de La
> Lande, mort en 1839. C'est cet exemplaire qui a servi à la 2ᵉ édition
> du livre de La Lande.

687. — Abrégé d'astronomie. 1795, in-8, bas., *fig.*

> On a joint à cet exemplaire, qui est celui même de l'auteur, un petit
> cahier de *notes autographes* sur le cadran équinoxial; c'est l'ébauche
> de l'article Cadran inséré au *Dictionnaire des mathématiques de
> l'encyclopédie méthodique.*

688. — Bibliographie astronomique, avec l'histoire de l'astronomie depuis 1781 jusqu'à 1802 (Table des matières).

Paris, Imp. de la République, an XI (1803), in-4, rel.

Exemplaire des plus précieux et assurément unique par les notes manuscrites, portraits, lettres, etc., dont on a pris soin de l'orner. Ce livre est d'abord un don d'auteur à M. Fournerat et contient une lettre de de La Lande à ce magistrat, lettre qui réclamait l'indulgence du tribunal en faveur d'Isaac de La Lande, petit neveu de l'illustre astronome : on pourra voir comment ce dernier fut acquitté par le tribunal de police correctionnelle. Sceau de de La Lande bien conservé. — Plusieurs portraits, lettres de faire part, etc., mis en regard des personnages indiqués dans cet ouvrage.

Détails anecdotiques et biographiques des plus curieux sur tous nos astronomes et académiciens de la fin du siècle dernier et même sur leurs descendants. Notes intéressantes et détails sur Lacaille, Baudoin de Guemadeuc, Varignon, Jérôme La Lande, Isaac La Lande (mort en 1855), Vega, tous les Cassini, etc., etc. Les circonstances de la mort et de l'exhumation de Jérôme de La Lande sont trop singulières pour ne pas demander investigation à ce sujet, — et d'ailleurs celui qui les rapporte avait intimement connu l'astronome.

Il y a aussi des notes manuscrites de Baudoin de Guemadeuc, auquel M. Fournerat avait prêté le volume.

689. La Lande (De). Histoire céleste française. *Paris*, 1801, in-4, dem.-rel. bas. (Le 1er vol.)

690. Laplace (P.-S.). Traité de mécanique céleste. *Paris, an VII*, in-4, tom. 1, seul.

691. La Place (De). Théorie du mouvement et de la figure elliptique des planètes. *Paris*, 1784, in-4, br.

692. Leclerc (Séb.). Traité de géométrie théorique et pratique à l'usage des artistes. *Paris*, 1764, in-8, *pl. et fig.*

Ouvrage dédié au marquis de Louvois : les charmantes et nombreuses gravures de Cochin lui ont conservé sa valeur. — Ces gravures sont en très-bonnes épreuves dans notre exemplaire, que signale Brunet, et meilleures que dans l'édition 1774. Reliure en mauvais état.

693. Mauduit. Principes d'astronomie sphérique. *Paris*, 1765, in-8, *fig.*, rel. v.

Exemplaire ayant appartenu à Nouet et chargé de notes de sa main. Nicolas-Aud. Nouet, ex bernardin, avait été chargé d'opérations trigonométriques importantes et envoyé comme tel en l'armée d'Orient lors de l'expédition d'Egypte.

694. — Principes d'astronomie sphérique. *Paris*, 1765, in-8, *fig.*, rel. v.

695. Merger (Joan.). Tabulæ aberrationis et nutationis in ascensionem rectam et declinationem indigniorum CCCLII stellarum. *Mannhemii*, 1778, in-8, v. éc.

Exemplaire chargé de notes et de feuillets complétement écrits de la main de de La Lande, avec des additions et des corrections précieuses qui donnent à ce livre presque la valeur d'un manuscrit.

696. Monnier (Le). Histoire céleste, ou Recueil de toutes les observat. astronomiques. *Paris*, 1741, in-4, *fig.*, rel. v.

> Exemplaire aux armes de Cassini sur le revers du frontispice.

697. Picard. Voyage d'Uranibourg, ou Observations astronomiques faites en Danemark par M. Picard, de l'Académie royale des sciences. *Paris, imp. roy.*, M.DC.LXXX, in-fol., v.

> Exemplaire assez précieux en ce qu'il a appartenu à Etienne Villiard, l'un de ceux qui accompagnèrent Picard dans ce voyage mémorable, et dont on voit la signature au bas du frontispice. Pour la participation de cet astronome aux travaux de Picard, voir ce volume même, art. 1, p. 2; art. 6, p. 13; art. 7, p. 17. — Voir aussi la *Bibliogr. astr.* de La Lande, p. 276, ann. 1671, et p. 293, ann. 1680. — Voir encore Delambre, *Hist. de l'Astr. mod.*, t. 2, p. 613 à 649, et la Conn. des temps de 1816.
>
> A notre volume sont joints les divers travaux suivants :
>
> Observations astronomiques faites en divers endroits du royaume, par M. Picard.
>
> Découverte de deux nouvelles planètes autour de Saturne.
>
> Observations des taches du soleil. *Paris, Sebast. Mabre-Cramoisy*, M.DC.LXXIII, fig.
>
> Nouvelles observations des taches du soleil faites à l'Académie royale en 1671. *Paris, Cramoisy*, in-4, fig.
>
> Les divers écussons gravés dans ce volume ont été biffés ou couverts de papier blanc.

698. Pingré. Cométographie, ou Traité historique et théorique des comètes. *Paris, imp. roy.*, 1783, 2 vol. in-4, rel. v.

699. Ptolemæi Planisphærium. — Jordanus de planisphærii figuratione, etc. *Aldus, Venetiis*, 1558, in-4, parch.

> Cette édition renferme le texte de Ptolémée, traduit de l'arabe en latin par Rodolphe de Bruges.

700. Purbach (Georg.). Theoriæ novæ planetarum, ab Erasmo Reinholdo pluribus figuris auctæ. *Wittenbergæ*, 1601, in-12, *fig.*, v. b. (*Armoiries.*)

> Volume fort rare portant l'estampille et relié aux armes de *Pierre-François de Raucourt*.

701. Recueil de brochures : Mémoires sur les mouvements des corps célestes, par Clairaut, 3 part., 1747. — Théorie de la lune, par Clairaut, 1752. — Tabulæ solis et lunæ Euleri. — Nova tabularum lunarium emendatio, par D'Alembert, 1757. — Essai sur la théorie des satellites, par M. Bailly, 1766. — Tables de Jupiter, par Jeaurat. — Addition aux tables astronomiques de Cassini, 1756. — Observations de la lune, etc., etc. Gros vol. in-4, *fig.*, rel. bas.

> Recueil de brochures assez difficiles à trouver maintenant, et que La Lande a fait réunir dans ce volume sur lequel se trouve son estampille, à côté de laquelle il a écrit le sommaire de ces diverses notices ; ce volume est le n° 1273 du catalogue de la bibliothèque de La Lande, vendue en 1808.

702. Recueil de tables astronomiques, publiées sous la direction de l'Académie de Berlin (par Lambert, Bode, Schultz et La Grange). *Berlin,* 1776, 3 vol. en un seul, in-8, dem.-rel.

703. Recueil d'ouvrages : Dissertationum astronomicarum de eclipsibus solis, sub præsidio Christophori Pfautzii, publicæ disquisitioni exponit Tobias Beutel. *Lipsiæ,* 1684, 4 feuilles mss.—Eclipsis totalis solis et terræ, 1715, an III maii, in boreali terræ hemisphærio observanda , descripta à Bern. Wideburgio. *Helmstadii,* 1715.—Conformatio horologiorum sciotericorum in superficibus planis ut cumque sitis.... cum quadrantis horologici et geometrici conformatione et usibus, ac tabulis sinuum Hermanni Witekindi. *Heidelbergæ,* 1576, pet. in-4, rel. v.

> Livres rares, dont les deux premiers sont indiqués par La Lande, *Bibl. astr.,* p. 312 et 361. — Le 3ᵉ ouvrage de Witekind n'est point signalé.

704. Reuss (J.-D.). Scientia naturalis.—Astronomia. *Gottingæ,* 1804, in-4, dem.-rel.

> Exemplaire avec envoi autographe de l'auteur à A. L. Millin, antiquaire et archéologue distingué.

705. Ricciolo (J.-Bap.). Almagestum novum , astronomiam veterem novamque complectens. *Bononiæ, Benatius,* 1651, 2 vol. in-fol., *fig.,* rel. v. fat.

> C'est ce même exemplaire, trésor d'érudition astronomique, qui fut vendu à la vente de La Lande.

706.—Astronomiæ reformatæ tomi duo. *Bononiæ, MDCLXV,* 2 tom. en 1 vol. in-fol. vél.

> Exemplaire en belle condition d'un ouvrage très-important et très-rare, avec un double titre, sur le premier desquels sont gravées les armes du duc de Bavière, auquel ce livre est dédié; provient de la vente de de La Lande.

707. Rivard. Traité de la sphère et du calendrier. *Paris ,* 1743, in-8, *fig.,* rel. v.

708. — Traité de la sphère et du calendrier, 6ᵉ édit., revue et augmentée par La Lande. *Paris,* 1804, in-8, *fig.,* br.

709. — Traité de la sphère et du calendrier, augmenté par de La Lande. *Paris, an VI,* in-8, *fig.,* dem.-rel.

710. Roias (D.-J.). Commentariorum in Astrolabium quod planisphærium vocant libri sex, nunc primum in lucem editi. *Lutetiæ, apud Vascosanum,* 1551, in-4, parch.

> A la suite un traité d'Oronce « Fine de mundi sphæra, 1555. » Exemplaire portant la signature de Delambre, célèbre astronome.

711. Schubert (Fr.-Th.). Traité d'astronomie théorique. *Hambourg, Perthes et Besser,* 1834, 3 vol. rel. en 2 gros vol. in-4, *fig.,* dem.-rel. v.

712. Scientia eclipsium ex imperio et commercio Sinarum illustrata , complectens constructiones astronom. P. Soc. Phil. Simonelli, observationes sinicas P. Ign. Kegler, etc. *Romæ* et *Lucæ*, 1744-47, 4 part. en 2 vol. in-4, *fig.*, dem.-rel., bas.

> Cet ouvrage, signalé dans Brunet avec trois parties, en possède quatre dans le nôtre.

713. Sedillot (L.-A). Mémoire sur les instruments astronomiques des Arabes. *Paris, Imp. Roy.*, 1842, in-4, *fig.*, dem.-rel. v.

714. Séjour (Dionis du). Traité analytique des mouvements apparents des corps célestes. *Paris*, 1786-89, 2 vol. in-4, *fig.*, dem.-rel.

> Beau portrait ajouté.

715. Seth-Ward. Astronomia geometrica ubi methodus proponitur qua primariarum planetarum astronomia sive elliptica circularis possit geometrice absolvi. *Londini*, 1656, in-8, *fig.*, vél.

> Sur Seth-Ward et sur son hypothèse, ainsi que le cas qu'on en doit faire, voir Delambre, *Hist. de l'Astr. mod.*, t. II, p. 464-468.

716. Sidereus nuncius magna longe qui admirabilia spectacula pandens, suspiciendaque proponens unicuique, præsertim vero philosophis atque astronomicis, quæ a Galileo Galileo, Patritio Florentino, Patavino, etc. *Londini*, 1653, in-12, *fig.*, rel. v.

> Curieuses figures.

717. Stofler (Jean). Traité de la composition et fabrique de l'astrolabe et de son usage, avec les préceptes des mesures géométriques: le tout traduit du latin, avec annotations de Jean-Pierre de Mesmes. *Paris, Cavellat, à l'enseigne de la poule grasse*, 1560, in-8, *fig.*, dem.-rel.

> Bel exemplaire avec l'*ex libris d'Antide Janvier*. A la page 195 se voit la singulière figure indiquée par Delambre représentant un triangle rectangle : l'œil est à l'angle de la base, et un singe est au sommet.

718. Stoflerinus (Joan.). Elucidatio fabricæ ususque astrolabii Joanne Stoflerino justingensi authore, cui per brevis ejusdem astrolabii declaratio a Jac. Kœbellio adjecta est. *Coloniæ-Agrippinæ, M.D.XCIIII*, in-12, *fig.*, vél.

> Livre rarissime, se composant de deux parties pag. par feuillets, 172 et 32 feuillets, orné de très-curieuses figures. Bel exemplaire portant un ex libris *F. Angeli Mariæ Tanzi conventus S. Dionisii de Mediolano.*

719. Streete (Thomas). Astronomia carolina, nova theoria motuum cœlestium. *Noribergæ*, 1705, pet. in-4, *fig.*, vél.

> Voir La Lande, *Bibl. astr.*, p. 249-269-351.

720. Svanberg (J.). Exposition des opérations faites en Laponie pour la détermination d'un arc du méridien, de 1801 à 1803. *Stockholm*, 1805, in-8, dem.-rel. (*Planches.*)

721. Système du monde. *S. n. Bouillon*, 1770, in-12, rel. bas.

722. Tables astronomiques, publiées par le Bureau des longitudes de France (première partie), 3 Tables du soleil, par Delambre, et Tables de la lune par Bürg. *Paris*, 1806, in-4, br.

723. Tables astronomiques calculées sur les observations les plus nouvelles, pour servir à la 3e édition de l'Astronomie (de de La Lande). *Paris*, 1792, in-4, cart., vél.

> Ouvrage ayant appartenu à M. Perny de Villeneuve, de l'Observatoire, qui y a ajouté des notes et corrections.

724. Tabulæ novæ et correctæ motuum solis ex theoria gravitatis et observationibus recentissimis deductæ. *S. l. n. d.*, in-8, dem.-rel. v.

725. Uranologion, sive systema variorum authorum qui in sphæra ac sideribus eorumque motibus græce commentati sunt, studio Dionisii Petavii edita. *Lutetiæ-Paris*, 1630, in-fol.

> Riche reliure, mais fatiguée, aux armes de Jacques-Raoul de La Guibourgère, évêque.

726. Vince (Sam.). The elements of astronomy. *Cambridge*, 1816, in-8, dem.-rel. v.

727. Voiron. Histoire de l'astronomie depuis 1781 jusqu'à 1811. *Paris*, 1810, in-4, br.

> Don de l'auteur à Malte-Brun.

728. Weidleri (Io. Friderici) Historia astronomiæ, sive de ortu et progressu astronomiæ. *Vitembergæ*, 1761, in-4, rel. v.

> Ouvrage estimé. Notes marginales et manuscrites de Bailly.

729. Woodhouse (Robert). Treatise on astronomy theoretical and practical. *Cambridge*, 1821, 2 v. in-8, fig., dem.-rel.

730. Zach (Fr. de). Tabulæ novæ et correctæ motuum solis et theoria gravitatis, etc., etc., adjectis nonnullis aliis tabulis astronomicis. *Gothæ*, 1792, in-4 en 2 parties, fig., dem.-rel. bas.

731. Zach (Le baron de). Tables abrégées et portatives du soleil, calculées pour le méridien de Paris. *Florence*, 1809, 2 part. en 1 vol. in-8, dem.-rel.

> Exemplaire sur papier de Hollande.

B. GNOMONIQUE. HORLOGIOGRAPHIE.

732. Alexandre (Le P. Jacques). Traité général des horloges. *Paris*, 1734, in-8, *fig.*, rel. **v.**

Ouvrage orné de 31 pl. très-bien gravées.

733. Bedos de Celles Dom (ou plutôt J. Fr. Manniotte). La Gnomonique pratique, ou l'art de tracer les cadrans solaires. *Paris*, 1790, in-8, *fig.*, rel. **v.** b.

734. Blaise. La Gnomonique, ou la science des cadrans. *Paris*, 1746, in-8, *fig.*, vél. vert.

Ouvrage qui ne manque ni de clarté ni de simplicité.

735. Bobynet (Pierre). L'Horographie cvrievse contenant diverses méthodes pour faire promptement, justement et facilement toutes sortes d'horloges et cadrans. *La Fleche, s. d.*, 3 part. in-12, en 1 vol., vél.

736. Bonhomme (Gabr.). Horographia trigonometrice pertractata, sive sciatericorum omnium planorum tum horizontalium, tum verticalium, tum etiam inclinatorum ac portatilium, nec non catoptricorum et dioptricorum triangulorum analysi. *Panormi*, 1758, pet. in-4, *fig.*, dem.-rel. **v.**

Si peu commun qu'il est omis dans la *Bibl. astr.* de de La Lande. Ouvrage d'ailleurs fort singulier et qui ne ressemble en rien à ceux publiés sur la même matière. L'auteur ne fait usage que du *style* qu'il évalue en parties décimales, ce qui est très-commode.

737. Bosse (A.). La Manière universelle de M. Desargues, Lyonnois, pour poser l'essieu et placer les heures et autres choses aux cadrans au soleil. *Paris*, 1643, in-8, v. br. (*Figures.*)

738. Castronius (B.-M.). Horographia universalis, seu sciatericorum omnium planorum, etc. *Panormi*, 1728, in-fol., dem.-rel. (*Planches.*)

739. Caus (Salomon de). La pratique et démonstration des horloges solaires, avec un discours sur les proportions, tiré de la raison de la 35e proposition du premier livre d'Euclide, etc. *Paris, Hyerosme Drouart*, M.DC.XXIII, *fig. mobiles*, **v.**

Ancienne reliure un peu fatiguée. Les curieuses figures mobiles en carton donnent quelque prix à cet ouvrage, dédié au cardinal de Richelieu. Voir La Lande, *Bibliogr. astr.*, p. 187.

740. Chandé (Le Dr). Traité de Gnomonique. Gros in-fol., *pl.* et *fig.*, rel. **v.**

MANUSCRIT considérable, orné d'une grande quantité de figures et de plus de 30 pl. fort bien lavées et coloriées. Ce manuscrit, fait au dernier siècle, n'a malheureusement jamais été imprimé; c'était le travail le plus important de l'auteur, qui n'a jamais composé qu'un petit traité de l'arpentage et du nivellement.

741. Clavii (Christophori) Bambergensis, ex societate Jesu, horologiorum nova descriptio. *Romæ*, M.D.XCIX, in-4, *fig.*, n. rel.

>   Première édition (au *Manuel*).

742. Dissertatio mathematico-antiquaria de horologiis veterum sciothericis, cui accedunt solariorum horam azimuthum et atitudinem solis una exhibentium. *Amstelodami*, 1797, in-8, *fig.*, cart., non rogn.

743. Gabory. Manuel utile et curieux sur la mesure du temps, contenant des méthodes faciles pour régler les montres et les pendules, trouver l'heure du soleil sur un cadran au clair de la lune, construire et orienter un cadran horizontal, etc. *Angers*, M.DCC.LXX, in-12, cart.

744. Georges (Pierre). Horloge magnétique, elliptique ou ovale nouveau, pour trouver les heures du jour et de la nuict, lors mesme que le ciel est couvert, si seulement on peut appercevoir ou cognoistre en quel endroict est le soleil ou la lune, ou si on peut descouvrir quelque étoile cogneue. *Toul*, M.DC.LX, in-12, *fig.*, cart.

>   Curieux et peu commun.

745. Hallus (Fr.), alias Linus. Explicatio horologii in horto regio Londini in Anglia ann. 1669 erecti, etc. 1673, in-4, br., *fig. (Manque la planche du cadran.)*

746. Haye. Règle horaire universelle pour tracer des cadrans solaires, etc. *Paris*, 1716, in-4, v. br.

747. Hire (De la). La Gnomonique, ou Méthodes universelles pour tracer des horloges solaires ou cadrans pour toutes sortes de surfaces. *Paris*, 1698, in-12, *fig.*, rel. v.

>   Meilleure édition de cet ouvrage savant et original.

748. Hume. Méthode universelle pour faire et descrire toutes sortes de quadrans et d'horloges. *Paris, Moreau*, 1611, in-12, *fig.*, vél.

>   Ouvrage où se trouvent des choses assez curieuses, extraites selon toute apparence des auteurs arabes.

749. Maignan (Emmanuel). Perspectiva horaria, sive de horographia gnomica libri IV. *Romæ, Rubens*, 1648, in-fol., *fig.*, rel. v.

>   Ancienne reliure avec armoiries et chiffres sur le dos et sur les plats, mais qui demande réparation. Très-belles figures et planches, portrait du cardinal Spada auquel le livre est dédié.

750. Manfredi (Eust.). De gnomone meridiano bononiensi ad divi Petronii deque observationibus astronomicis eo instrumento ab ejus constructione ad hoc tempus peractis. *Bononiæ*, M.DCC.XXXVI, in 4, *fig.*, dem.-rel. v.

751. Munster. Horologiographia, post priorem editionem, per Sebast. Munsterum recognita, et plurimum aucta atque locupletata, adjectis multis novis descriptionibus et figuris, in plano, concavo, convexo, erecta superficie. *Basileæ, H. Petrus*, 1533, in-4, *fig. sur bois*, dem. -rel. v.

Bon exemplaire, vendu 50 fr. Labey.

752. Oddi da Urbino (Mutio). De gli horologi solari trattato. *In Venetia*, M.DC.XXXVIII, *fig.*, dem.-rel. v.

Ouvrage de toute rareté, rempli de recherches curieuses, et l'un des plus savants qui aient été publiés sur cette matière. Ni Delambre, ni de La Lande, ni M. Libri ne l'ont connu. Lors de la vente de M. Boulard, ce livre fut mis de côté comme bouquin, ce n'est pas l'un des moins rares de notre collection. Voir *Montucla, Hist. des math.* 2e édition, t. I, p. 730.

753. Ozanam. La Gnomonique. *Paris*, 1711, in-8, *fig.*, rel. v.

754.—Traité de gnomonique, ou de la construction des cadrans. *Paris, Cramoisy*, 1673, in-12, *fig.*, v. br. (*Armoiries.*)

Première édition de ce livre qui ne manque ni de mérite ni d'une certaine célébrité. Une main contemporaine, qui parait être celle de l'auteur même, a consigné une foule de notes et de chapitres addit. sur des feuilles blanches intercalées dans le texte. Cet exemplaire porte les estampilles et les armoiries de plusieurs Bibl. par lesquelles il a passé. Antide Janvier fut l'un de ses derniers propriétaires.

755. Pingré, chanoine et bibliothécaire de Sainte-Geneviève. Mémoire sur la colonne de la Halle aux Bleds et sur le cadran cylindrique que l'on construit au haut de cette colonne. *Paris*, 1764, in-8, v. m.

756. Polonceau. Petit Traité de gnomonique, ou l'art de tracer les cadrans solaires, par Polonceau, prieur, curé de Lucé, près Chartres, avec *fig. gravées* par l'auteur. *Paris*, 1788, in-8, *fig.*, br.

757. Prise (De la). Méthode nouvelle et générale pour tracer facilement les cadrans solaires, *Caen*, 1781, in-8, *fig.* — Principes et usage du comput et de l'art de vérifier les dates, par M. de la Prise. *Bayeux* et *Caen*, 1780, in-8, cart., non rog.

758. Quadrante Geometrico libellus (De) in quo quidquid ad linearum et superficierum utpote altitudinum et latitudinum, dimensiones facit lucidissime demonstratur, sumptibus et expensis Cornelii de judæis editus. *Noribergæ*, 1594, in-4, *fig., velin.*

Rarissime et orné de charmantes et nombreuses figures sur cuivre.

759. Sainte-Marie-Magdeleine (Le P. Pierre). Traité d'Horlogiographie, contenant plusieurs manières de construire sur toutes surfaces, toutes sortes de lignes horaires et autres cercles de la sphère, avec quelques instruments, par Dom Pierre de Sainte-Marie-Magdeleine d'Abbeville. *Paris,* M.DC.XXXXV, in-12, *fig., vélin.*

> Livre peu commun, dédié à Salomon Phelippeaux et orné de figures curieuses et bien exécutées.

760. Stengel (Joan. P.). Gnomonica universalis, sive Praxis amplissima geometrici describendi horologia solaria, tum reflexa et portatilia, in figuris 233 expressa. *Ulmæ,* M.DC.LXXIX, in-12, v. br., *front. gr. (Figures.)*

761. Varignon. Traité de Gnomonique, par M. Varignon, de l'Académie royale des sciences. In-4, *planches,* rel. v.

> *Manuscrit* important, qui n'a jamais été imprimé, ce qui est à regretter, Varignon ayant traité cette matière avec beaucoup de clarté et de simplicité, réunissant aux pratiques les plus certaines les solutions toujours plus exactes du calcul soutenu par les formules trigonométriques. De nombreuses planches bien faites accompagnent cet ouvrage, qui aurait quelque succès s'il était imprimé, et qui était du reste prêt à être livré à l'impression à la mort de l'auteur.

762. Vaulezard (De). Traité de l'origine, démonstration et usage du quadrant analématique, par lequel, avec l'ayde de la lumière du soleil, on trouve en un instant, sans aiguille aimantée, la ligne méridienne, plus le moyen de construire un horloge solaire par le moyen de trois ombres du soleil en un même jour, sans savoir le lieu du soleil, l'élévation du pôle, ni la situation du plan. *Paris,* 1644, in-12, *fig.,* cart.

> Ouvrage rare, curieux et rempli de pratiques ingénieuses. Nous sommes étonné de ne pas voir ce petit livre indiqué au *Manuel.* Il paraît que dans la fameuse église de Brou existait un cadran pareil, au moyen duquel l'observateur, tournant le dos au soleil, voyait son ombre couvrir le chiffre indicateur de l'heure.

763. Vernier (Pierre). La construction, l'usage et les propriétés du quadrant nouveau de mathématique,... la méthode de trouver les angles d'un triangle par la cognoissance des costés, et les costés par les angles, sans l'ayde d'aucune table, par Pierre Vernier, capit. et chastellain du chasteau de Dornans, conseiller et général de ses monnoyes au conté de Bourgongne. *Brusselles, François Vivien,* 1631, in-12, *fig.,* cart.

> Très-rare.

764. Ximenes (Leonardo). Vecchio e nuovo gnomone florentino (Del), e delle osservazioni astronomiche, etc., fatte nel verificarne la construzione, lib. IV. *Firenze,* 1757, gr. in-4, *fig.,* cart.

> Exemplaire de la vente Libri.

ART MILITAIRE ET MARINE.

765. Bouguer. Traité de navigation, revu par l'abbé de La Caille. *Paris*, 1781, in-8, v. m.

766. Bouguer (de l'Académie des sciences). De la manœuvre des vaisseaux. *Paris*, 1757, in-4, *fig.*, rel. v.

767. Bourguet (Du). Traité de navigation. *Paris*, 1814, in-4, dem.-rel. (*Planches.*)

768. Dulague. Leçons de navigation. *Rouen*, 1805, in-8, bas.

769. Jomini (Le baron). Tableau analytique des principales combinaisons de la guerre et de leurs rapports avec la politique des Etats. *Saint-Pétersbourg*, 1836, gr. in-8, *pl.*, dem.-rel.

770. Juan (Georges). Examen maritime, théorique et pratique, ou Traité de méchanique appliquée à la construction et à la manœuvre des vaisseaux. *Nantes*, 1783, 2 vol. in-4, dem.-rel. v. f. (*Figures.*)

771. La Lande (Jérôme de). Abrégé de navigation hist., théorique et pratique. *Paris*, 1793, in-4, dem.-rel.

> Ouvrage peu recherché maintenant, mais orné d'un très-beau portrait de La Lande, qui lui-même n'était pas beau, comme on le sait, et qui nous rappelle ce petit quatrain d'Arnauld (de l'Académie) :
>
> > Un jour qu'il avait du courage,
> > Jérôme en voyant son portrait
> > Disait : Dieu doit être bien laid
> > Si l'homme est fait à son image.

772. Rogniat (Le baron). Considérations sur l'art de la guerre. *Paris*, 1817, in-8, dem.-rel.

773. Théorie complète de la construction et de la manœuvre des vaisseaux (le style retouché par Keralio). *Paris*, 1776, in-8, *fig.*, dem.-rel. v.

774. Vegece. Institutions militaires. *Paris*, 1759, in-18, dem.-rel. v. fau.

V. ARTS.

BEAUX-ARTS EN GÉNÉRAL ET LIVRES A FIGURES.

775. Annales du Musée et de l'Ecole moderne des Beaux-Arts. *Paris*, 1801 et suiv., 16 vol. — Tome complémentaire, 1 vol. — Paysages. 1805, 4 vol., ens. 21 vol. in-8, cart., n. rog. (*Très-bel état.*)

776. Bellier de la Chavignerie. Biographie et catalogue de l'œuvre du graveur Miger. *Paris*, 1856, in-8, dem.-rel. (*Portrait et fac-sim.*)

777. Blanc (Charles). Le Trésor de la curiosité, tiré des catalogues de vente des tableaux, dessins, estampes, livres, objets d'art, etc. *Paris, Renouard*, 1857, 2 vol. in-8, dem.-rel. mar. vert.

778. Borie (A.). L'Art de dessiner, dédié à M. Saint-Amans, membre de la Société d'agriculture, sciences et arts, séante à Agen. Pet. in-fol., v. porph., dent.

> Manuscrit inédit, signé et parfaitement authentique, composé : 1° d'un très-beau portrait de l'auteur, à la mine de plomb; 2° d'une dédicace et d'un avis au lecteur; 3° de 32 pages de texte (très-belle écriture); 4° de 25 planches ou dessins exécutés avec la plus grande finesse, représentant les diverses parties du corps humain, tête, bras, cuisses, jambes et torses disséqués, et les académies du corps humain.

779. Catalogue historique et descriptif des tableaux appartenant à S. A. R. Mgr le duc d'Orléans. *Paris*, 1823, 4 vol. in-8, dem.-rel.

780. Catalogues d'objets d'arts, etc., divers. Daval, 2 cah. 1821-22. Genthon, 1821. — Thedenat-Duvernet, 1822. — Denon, 1826. — David (*le peintre d'histoire*), 1826, en 1 vol. in-8, dem.-rel., parch. vert.

781. Dante Alighieri. La Divina Comedia, cioe l'Inferno, il Purgatorio e il Paradiso, composta ed incisa da S. Giacomelli. *Paris, Blaise, s. d.*, gr. in-8, dem.-rel. mar. rou.

> Recueil de 100 jolies planches au trait.

782. Gault de Saint-Germain. Guide des amateurs de peinture (Ecole italienne). *Paris*, 1835, in-8, dem.-rel.

> Exemplaire de don de l'auteur à M. Fournerat, procureur du roi. Portrait ajouté et plusieurs lettres autographes.

783. — Guide des amateurs de tableaux, pour Ecoles allemande, flamande et hollandaise. *Paris*, 1818, 2 vol. in-12. dem.-rel. v. ant.

784. Gazette des Beaux-Arts, Courrier européen de l'art et de la curiosité, année 1860 (1re) à 1867 inclusivement, 8 années en livraisons, avec *fig*.

> Collection en parfait état.

785. Chronique des Arts (La) et de la Curiosité, format in-fol., 26 numéros, 1er décembre 1861 au 25 mai 1862 inclus. — *Id.*, format gr. in-8, 1re année 1863 au 29 décembre 1867, *en feuilles*, nos 1 à 205 (manq. le 14e).

> Supplément à la *Gazette des Beaux-Arts*.

786. Léonard de Vinci. Traité de la Peinture (édition publiée

par Gault de Saint-Germain). *Paris*, 1803, in-8, dem.-rel. (*Portrait et 39 planches gravées sur cuivre.*)

787. Lespinasse (L.-N.). Traité de perspective linéaire à l'usage des artistes, par L.-N. Lespinasse. *Paris*, 1801, in-8, *fig.*, demi.-rel.

788. Mariette. Description sommaire des dessins des grands maîtres du cabinet de feu M. Crozat. *Paris*, 1740, in-8, dem.-rel. v.

789. Miché. Nouvelle Architecture pratique, ou Bullet rectifié. *Paris*, 1818, in-8, dem.-rel.

790. Millin. Dict. des beaux-arts. *Paris*, 1806, 3 vol. in-8, v. violet, fil., dent., compart.

791. Quatremère de Quincy. Histoire de la vie et des ouvrages de Raphaël. *Paris*, 1824, in-8, br. (*Portrait.*)

792. Regnault de La Lande. Catalogue raisonné d'objets d'art du cabinet de feu M. Silvestre. *Paris*, 1810, in-8, dem.-rel., avec tables.

793. Seguin. Manuel d'architecture. *Paris*, 1786, in-8, v. m. (*Front. gravé.*)

794. Taillasson. Observations sur quelques grands peintres, avec un précis de leur vie, *Paris*. 1807, in-8, dem.-rel.

795. Traité des accords et de leur succession selon le système de la base fondamentale. *Paris*, 1764, in-8, dem.-rel.

796. Veduta antiche e moderne le piu interessanti della citta di Roma. *Roma, s. d.*, in-4, dem.-rel. (*100 planches gravées sur cuivre.*)

797. Verrien (Nicolas). Recueil d'emblèmes, devises, médailles et figures hiéroglyphiques. *Paris, Jombert*, 1724, in-8, dem.-rel. v. vert. (*Portrait.*)

> Orné de 62 planches en taille douce. A la fin, on trouve: Livre curieux et utile pour les sçavants et artistes, composé de trois Alphabets de chiffres doubles et triples, fleuronnets au premier trait, etc, ensemble supports et cimiers. 152 planches de chiffres, médailles, etc., et 17 de supports ; le tout gravé en taille-douce.

798. Watelet. Dictionnaire des arts de peinture, sculpture et gravure. 1792, 5 vol. in-8, v. rac.

VI. APPENDICE AUX SCIENCES ET ARTS.

CALLIGRAPHIE. — MUSIQUE. — JEUX, ETC.

799. Académie universelle des jeux. *Amsterdam*, 1777, in-12, v. marbr.

800. Almanach des jeux, ou Académie portative, contenant les règles du whist, du reversis, du tre-sette et du piquet, avec perte et gain. *Paris*, 1780, in-18, v. m., fil.

801. Bemetzrieder. Traité de musique. *Paris,* 1776, in-8, br.

802. Coriolis. Théorie mathématique des effets du jeu de billard. *Paris*, 1835, in-8, dem.-rel. (12 *Planches gravées.*)

803. Cours gastronomique, ou les Dîners de Manant Ville, ouvrage anecdotique, philosophique et littéraire, par feu M. C... *Paris*, 1809, in-8!, dem.-rel. (*Grande et curieuse carte gastronomique de la France.*)

804. Eulero (L.). Tentamen novæ theoriæ musicæ ex certissimis harmoniæ principiis dilucide expositæ. *Petropoli,* 1739, in-4, v.

805. Fortia d'Urban. Essai sur l'origine de l'écriture. 1832, in-8, dem.-rel. (*Figures.*)

806. Génie du whist, etc., avec ses explications et maximes certaines pour gagner, par le général baron de V... In-18, *s. d.*, br.

807. Huyn (P.-N.). La Théorie des jeux de Hasard, ou Analyse du krabs, du passe-dix, de la roulette, du trente-et-quarante, du pharaon, du biribi et du loto. *Amsterdam*, 1803, in-8, br.

808. Le Grand Trictrac, ou Méthode facile pour apprendre sans maître, avec 288 *planches ou figures* (dans le texte). *Paris*, 1766, in-8, v. m.

809. Mouret (J.-Fr.). Traité élémentaire et complet du jeu d'échecs. 1836, in-12, br. (*Planches.*)

809 *bis*. Le même. *Paris*, 1838, in-12, br. (*Planches.*)

810. Manoury, marchand limonadier, au coin du quai de L'Ecole. Essai sur le jeu de dames à la polonaise. *Paris*, 1770, in-12, v. m.

810 *bis*. Le même. 1787, in-12, br., n. rog.

811. Philidor. Le Jeu des échecs. — Traité du jeu de whist, traduction de l'anglois de Ed. Hoyle. *Turin*, 1765, in-12, v. m.

812. — Analyse du jeu des échecs. *Philadelphie*, 1821, in-12, dem.-rel.

813. — L'Analyze des échecs. *Londres*, 1749, in-8, v. m.

814. Prony (Le baron de). Instruction élémentaire sur les moyens de calculer les intervalles musicaux. *Firmin-Didot*, 1832, in-4, br.

Envoi d'auteur à M. Puissant.

815. Raymond. Essai sur la détermination des bases physico-mathématiques de l'art musical. *Paris*, 1813, in-8, br.

816. Seleni (Gust.) Cryptomenticæ et crytographiæ libri IX. *Luneburgi*, 1624, in-fol., vél., *fig. dans le texte. (Manque le titre.)*

> Ce livre est du duc de Brunswick, Auguste II, né en 1568, mort en 1666. (Note manuscrite.)

817. Traité complet du jeu de trictrac. *Paris, Michaud*, 1816, in-8, dem.-rel.

818. Traité théorique et pratique du jeu des échecs, par une société d'amateurs. *Paris*, 1786, in-12, dem.-rel.

819. Trois heures d'amusement, ou le nouveau Comus, contenant les tours de cartes et de subtilités les plus agréables (par le citoyen Ducœur-Joly). 1801, in-12, dem.-rel.

820. Villot. Origine astronomique du jeu des échecs, expliquée par le calendrier égyptien. 1825, in-8, dem.-rel. v.

BELLES-LETTRES.

I. LINGUISTIQUE.

GRAMMAIRE, DICTIONNAIRES, ORTHOGRAPHE ET ÉTYMOLOGIES.

821. Alberti (L'abbé Fr.). Nouveau Dictionnaire français-italien, composé sur les dictionnaires de l'Académie de France et de la Crusca. *Paris*, 1771, 2 vol. in-4, v. marb.

822. Antonini (L'abbé Ant.). Dictionnaire italien, latin et français, contenant un abrégé du dictionnaire de la Crusca. *Lyon, Duplain*, 1760, 2 vol. in-4, dem.-rel. v. marb.

823. Arnauld et Lancelot. Grammaire générale et raisonnée de Port-Royal. *Paris, Bossange*, 1810, in-8, v. f.

824. Beauzée. Grammaire générale, ou Exposition raisonnée des éléments nécessaires du langage. *Paris, Barbou*, 1767, 2 vol. in-8, pap. vergé, v. marb.

825. Boudot (Joan.). Dictionarium latino-gallicum, auctum et emendatum studio des Roches. *Bruxellis*, 1785, in-8, v. marb.

826. Boyer (A.). Le Nouveau Dictionnaire universel, françois-anglois et anglois-françois. *Rouen, Dumesnil*, 2 vol. in-4, dem.-rel. v. f.

827. Budæus (Gul.). Commentarii linguæ græcæ, ab auctore

recogniti et aucti. *Basilæ, apud Nicolaum Episcopium, anno 1556,* in-fol., rel. en cuir de Russie, fil., dent. (*Très-bel exemplaire.*)

828. Burke. The greck-english derivative dictionary; schowing in english characters the greck originales, etc. *London,* 1806, in-12, dem.-rel. v. rose.

829. Carpentier (L. J. M.). Le Gradus français, ou Dictionnaire de la langue poétique. *Paris, Johanneau,* 1822, in-8, mar. noir.

830. Changeux. Bibliothèque grammaticale abrégée, ou Nouveaux Mémoires sur la parole et sur l'écriture. *Paris, Lacombe,* 1773, in-8, dem.-rel. v.

831. Cobbelt (W. L.). Le Maître d'anglais, ou Grammaire raisonnée de la langue anglaise. *Paris,* 1819, in-12, v. rac.

832. Cormon (B.). Dictionnaire portatif et de prononciation, espagnol-français et français-espagnol. *Lyon, an XII,* 1803, 2 vol. in-8, dem.-rel. v. br.

 Exemplaire portant l'ex libris de Courtenay de Bauffremont.

833. Court de Gébelin. Histoire naturelle de la parole, ou Précis de l'origine du langage et de la grammaire universelle. *Paris,* 1776, in-8, v. f.

834. Daire (Le P.). Les Epithètes françoises rangées sous leurs substantifs. *Lyon,* 1759, pet. in-8, dem.-rel. bas.

835. Dictionnaire universel des Synonymes de la langue française, publiés par Girard, Beauzée, Roubard et autres écrivains. *Paris,* 1802, 3 vol. in-12, dem.-rel. bas.

836. Dictionnaire des Particules angloises, précédé d'une Grammaire raisonnée, par M. L. F. (Lefébure de Villebrune). *Paris,* 1784, in-12, v. m.

837. Dictionnaire de l'Académie française, 6e édition. *Paris, Didot,* 1835, 2 vol. gr. in-4, dem.-rel. v. f.

838. Domergue. La Prononciation française déterminée par des signes invariables. *Paris, an V,* in-8, v. rac.

839. — Solutions grammaticales. *Paris,* 1808, in-8, dem.-rel. v. fauve.

840. Etymologicum parvum, ex magno illo Silburgii, Eustathio Martinio, aliisque magni nominis authoribus excerptum, digestum, explicatum; opera et studio Fr.-Gregorii. *Londini,* 1654, in-8, p. de daim.

841. Examen de la latinité du P. Jouvenci, par l'abbé Valart. Critique de l'Examen par M. Fréron, et réponse à cette Critique par le même, et réponse à la Critique du R. P. Mercier. *S. l.,* 1766, in-12, dem.-rel. bas.

842. Fontanier. La Clef des étymologies pour toutes les langues en général, et pour la langue française en particulier. *Paris, Brunot-Labbe*, 1825, in-12, dem.-rel. v. bleu.

843. Gattel (C.-M.). Nouveau Dictionnaire portatif de la langue française. *Lyon, Bruyset*, 1797, 2 vol. in-8, v. marb.

844. Girault-Duvivier. Traité des Participes; 3e édition. *Paris*, 1817, in-8, dem.-rel. v. vert.

845. Glossarium eroticum linguæ latinæ, sive theogoniæ, legum et morum nuptialium apud Romanos explanatio nova. *Parisiis, Dondey-Dupré*, 1826, in-8, dem.-rel. mar. noir.

846. Grammaire générale et raisonnée, contenant les fondemens de l'art de parler, etc. (par Cl. Lancelot). *Paris*, 1758. —Réflexions sur les fondemens de l'art de parler, par M.l'abbé Fromant. *Paris*, 1758, en un vol. in-12, v. mar.

847. Grammaire hollandaise, de Phil. La Grue, revue par Guil. Sewel; 6e édit. *Amsterdam*, 1806, in-12, br., n. coupé.

848. Harris (Jacques). Hermès, ou Recherches philosophiques sur la grammaire universelle, trad. par Fr. Thurot. *Paris, Imp. de la République, an VI*, in-8, dem.-rel. v. ant.

849. Journal de la Langue françoise (du 1er janvier 1791 jusqu'au 17 septembre 1791); 2e et 3e année de la liberté françoise. 3 vol. in-12, dem.-rel. bas.

> Livre très-intéressant pour l'histoire littéraire. Quelques feuillets du premier volume sont rongés.

850. Jardin des racines grecques (Le), mises en vers françois, avec un Traité des prépositions et autres particules indéclinables, et un Recueil alphabétique des mots françois tirez de la langue grecque. *Paris*, 1737, in-12, v. br.

850 *bis*. Le même. *Paris*, 1740, in-12, v. mar.

851. Lacombe. Dictionnaire du vieux langage françois, enrichi de passages tirés des manuscrits en vers et en prose, des actes publics, des ordonnances de nos rois, etc. *Paris, Panckoucke*, 1766, in-8, dem.-rel.

852. Laveaux (J.-Ch.). Nouveau Dictionnaire de la langue française. *Paris, Deterville*, 1828, 2 vol. in-4, dem.-rel., v. br.

853 — Dictionnaire raisonné des difficultés grammaticales et littéraires de la langue françoise. *Paris, Lefèvre*, 1818, in-8, dem.-rel. v. f.

854. Levée (J.-B.). Dictionnaire des épithètes françaises. *Paris, L'Huillier*, 1817, in-8, v. rac.

855. Lévizac (L'abbé de). L'Art de parler et d'écrire correctement la langue françoise, ou Grammaire philosophique et littéraire de cette langue. *Paris, an X*, 1801, in-8, v. rac.

836. Manière d'apprendre les langues (par l'abbé de Radonvilliers). *Paris, Saillant*, 1768, in-8, pap. vergé, v. mar.

857. Marsais (Du). Principes.de grammaire, ou Fragments sur les causes de la parole. *Paris, Dufart*, 1793, 2 vol. pet. in-12, dem. -rel. v.

858. — Des tropes ou différens sens dans lesquels on peut prendre un même mot dans une même langue. *Paris*, 1775, in-12, v. m.
858 *bis*. Le même. *Paris*, 1787, in-12, dem.-rel.

859. Meidinger (J.-V.). Grammaire allemande pratique. *Paris, Baudry*, 1824, in-8, dem.-rel. bas. vert.

860. Ménage. Dictionnaire étymologique de la langue françoise (édit. revue par D. Huet, Le Duchat et autres). *Paris*, 1750, 2 vol. in-fol., dem.-rel. bas. rac.

861. Montignot (L'abbé). Dictionnaire de diplomatique, ou étymologies des termes de la basse latinité. *Paris, Nancy*, 1788, in-8, v. gr.

862. New Pocket Dictionary (The) of the french and english languages, by Thomas Nugent. *London*, 1791, 2 part. en 1 vol. in-12 obl., dem.-rel. b.

863. Noël (Fr.) et Carpentier (L.-J.). Philologie française, ou Dictionnaire étymologique, critique, historique, anecdotique et littéraire. *Paris, Le Normant*, 1831, in-8, dem.-rel. v. vert.

864. Nouveau Cours d'orthographe française, par le citoyen J.-B. Roche. *Nantes, an VII*, in-12, dem.-rel. b.

865. Novitius, ou Dictionnaire latin-françois à l'usage de Monseigneur Le Dauphin. *Lutetiæ-Parisiorum*, 1750, 2 vol. in-4, v. marb.

866. Oudin (Ant.). Curiositez françoises pour supplément aux dictionnaires. *Paris, Ant. de Sommaville*, 1656, pet. in-8, vél.

867. Peyton. Les Eléments de la langue angloise, en forme de dialogues. *Londres*, 1787, in-12, v. jaspé.

868. Philippon-La-Madeleine. Des Homonymes français, ou mots qui dans notre langue se ressemblent par le son et diffèrent par le sens. *Paris, Capelle*, 1806, in-8, dem.-rel. v. vert.

869. Remarques sur la langue françoise, par l'abbé d'Olivet. *Paris*, 1793, in-12, v. m.

870. Restaut. Principes généraux et raisonnés de la grammaire françoise, dédiés à Mgr le duc d'Orléans. *Paris*, 1767, in-12, v. m.

871. Rivarol (A. de). Discours préliminaire du nouveau Dic-

tionnaire de la langue française, première partie. *Paris, Cocheris, an V* (1797). — De l'Université de la langue française. *Paris, Cocheris, an V* (1797). Ens. 1 vol in-4, br.

872. Roubaud (L'abbé). Nouveaux Synonymes françois. *Paris, Moutard,* 1785, 4 vol. in-8, v. marb.

873. Sancti Francisci Minerva, sive de causis latinæ linguæ commentarius, cui accedunt animadversiones et notæ Casp. Scioppii. *Amstelodami,* 1664, in-12, vél.

874. Scherdam. Traité sur la prononciation anglaise, trad. Cauquoin Chaussier. *Paris, Delaplace,* 1790, in-8, v. jasp.

875. Silvestre de Sacy. Principes de la grammaire générale mis à la portée des enfants, et propres à servir d'introduction à l'étude de toutes les langues. *Paris, an XII* (1803), in-12, v. rac.

876. Skinner (Steph.). Etymologicon linguæ latinæ, seu explicatio vocum anglicarum ex linguis duodecim. *Londini, Reycroft,* 1671, pet. in-fol., v. br.

877. Sobrino (Fr.). Grammaire nouvelle espagnole et françoise. *Avignon, Chambeau,* 1801, in-8, v. marb.

878. Tombelli (Giov. Crisostomo). Arte di conoscere l'eta de' codici latini e italiani. *Bologna, Carciolani,* 1756, in-4, demi-rel.

879. Traité de ponctuation (extrait de la Grammaire de M. Beauzée), suivi de la Géographie en vers. *Paris, Pichard,* 1784. — Méthode raisonnée pour apprendre la langue latine. *Bouillon, Mondon,* 1774, en 1 vol. pet. in-8, v. marb.

880. Traité de l'Orthographe françoise, en forme de dictionaire (*sic*). *Poitiers, Barbier,* 1785, in-8, v. marbr.

881. Traité de la formation méchanique des langues et des principes physiques de l'étymologie. *Paris, Terrelonge, an IX,* 2 vol. pet. in-8, dem.-rel. v. f.

Ouvrage non mis dans le commerce et tiré à petit nombre d'exemplaires.

882. Vénéroni, maître italien, ou Grammaire françoise et italienne. *Lyon, Bruyret, an XI* (1803), in-8, v. rac.

883. Wailly (De). Principes généraux et particuliers de la langue française. *Paris,* 1736, in-12, v.

883 *bis.* Wallis (Joh.). Grammatica linguæ anglicanæ. *Oxoniæ,* 1674. — Grammaire angloise et françoise, par E. A., augmentée d'un vocabulaire anglois et françois, *Rouen,* 1679, en 1 vol. in-12, vél.

II. RHÉTORIQUE.

884. Aristote. La Rhétorique, traduite en françois, par M. Cassandre. Nouvelle édition. *La Haye,* 1718, in-12, v. gr., dent. (*Front. gravé.*)

885. — La Poétique, contenant les règles les plus exactes pour juger du poême héroïque et des pièces de théâtre, la tragédie et la comédie, traduite en françois, avec des remarques critiques par M. Dacier. *Amsterdam,* 1783, in-12, v. m. (*Front. gravé.*)

886. Belin de Ballu. Histoire critique de l'éloquence chez les Grecs. *Paris, A. Belin,* 1813, 2 vol. in-8, dem.-rel. v. vert.

887. Blair (H.). Leçons de rhétorique et de belles-lettres, trad. de l'anglais par J.-P. Quénot. *Paris, Lefèvre,* 3 vol. in-8, v. f.

888. Bourdaloue (Le R. P.). Sermons pour les grandes festes de l'année. *Paris,* 1692, in-12, v. f., tr. dor. (*Aux armes de Crozet.*)

889. Cicéron. Harangues contre Verrès, intitulées des Statues et des Supplices, trad. de M. Truffer. *Paris, Didot,* 1808, 2 vol. in-8, v. marb. (*Portrait.*)

890. — Oraisons choisies, trad. de l'abbé Lallemant. *Paris, Barbou,* 1801, 4 vol. in-8, v. marbr.

891. — Traité de l'Orateur, trad. par l'abbé Colin. *Paris, De Bure,* 1805, in-8, v. rac.

892. Ciceronis (M.-T.). Orationes, edidit P. Car. Merouille. *Dublini,* 1765, in-8, bas.

893. Crevier. Rhétorique françoise. *Paris,* 1767, 2 vol. pet. in-8, v. marb.

894. Cygne (Martinus du). Explanatio rhetoricæ, cui adjicitur analysis rhetorica omnium orationum Ciceronis. *Coloniæ-Agrip. Widenfelt,* 1670, in-8, v. gr. (*Front. grav.*)

895. Delamalle. Essai d'institutions oratoires à l'usage de ceux qui se destinent au barreau. *Paris, Delaunay,* 1816, 2 vol. in-8, v. f.

896. Hugues Blair. Sermons, traduction de M. l'abbé de Wessan. *Paris,* 1807, 2 v. in-8, dem.-rel.

897. Lamy (Le P. Bernard). La Rhétorique, ou l'Art de parler. *Paris, Didot,* 1757, in-8, v. marb.

898. Maury (Le Cardinal). Principes d'éloquence pour la chaire et le barreau. *Paris, Warée, an XII* (1804), in-8, dem.-rel. (*Portrait.*)

899. Philippiques de Démosthène et Catilinaires de Cicéron, trad. par l'abbé d'Olivet. *Paris, Barbou,* 1787, in-8, v. marb.

900. Quintilien, de l'Institution de l'orateur, traduit par l'abbé Gedoyn. *Paris, Barbou,* 1769, 4 vol. in-12, v. m.

901. Quintilien. De l'Institution de l'Orateur, traduit par l'abbé Gedoyn. 1769, 4 vol. in-12, bas.

III. POÉSIE.

A. POÈTES LATINS.

902. Apulée. L'Ane d'or, avec le Démon de Socrate. *Paris,* 1736, 2 vol. in-12, v. fau., *figures et titres gravés.*
Traduction de M. Compain de Saint-Martin.

903. Catullus, et in eum commentarii M. Antonii Mureti, ab eodem correcti et scholiis illustrati, Tibullus et Propertius. *Venetiis, Aldus,* 1562, 3 part. en 1 vol. pet. in-8, v. m.

904. Heliodore. Les Amours de Theagenes et Chariclée, histoire éthiopique (trad. française). *Paris, Coustelier,* 1743, 2 vol. in-12, v. m., *front. gr., fig.*

905. Horace (Traduction en vers des Odes d'), avec le texte des sommaires et des notes, par A. de Wailly. *Paris, Didot,* 1817, in-12, v. rac., dent.

906. — OEuvres, traduites par MM. Campenon et Desprès (avec le texte en regard). *Paris, De Bure,* 1821, 2 vol. in-8, dem.-rel.

907. Horatii (Q.) ex ed. Bipontina II ad optimas lectiones mss. et edd. nova editio recensita. *Paris.,* 1828, in-8, cart.

908. — Carmina expurgata, notis illustravit J. de Jouvancy. *Paris.,* 1696, 3 vol. in-12, v. f. (*Bel exemp.*)

909. —Opera, interpret. et notis illustravit Lud. Desprez. *Londini,* 1734, in-8, v. br.

910. — Poemata, scholiis sive annotationibus, instar commentarii illustrata a Jo. Bond. *Amstelodami, J. Janssonius,* 1635, in-16, v., tr. dor., *front. gravé.*

911. Illustrium poetarum flores, per Oct. Mirandulam collecti. *Lugduni, Io. Tomœsius,* 1576, in-16, p. de truie. (*Les dernières ff. sont un peu rongées.*)

912. Juvenal. Satires, trad. par M. Dusaulx. *Paris,* 1770, in-8, v. m.

913. — Satires, trad. en français par M. Baillot. *Paris, s. d.* (vers 1830), in-8, dem.-rel.

914. Juvenalis Satyrarum lib. V, ex recognitione S. A. Philippe. *Lutetiæ-Parisiorum, Coustelier,* 1746, in-12, dem.-rel.

915. Juvenalis Persius. *Venetiis, in œd. hœredum Aldi,* etc., 1835, in-12, v.

916. Longus. Les Pastorales, ou Daphnis et Chloé, trad. de messire J. Amyot, revue et complétée par P.-L. Courrier. *Paris,* 1821, in-8, dem.-rel.

917. Lucain. La Pharsale, trad. par Marmontel. *Paris,* 1766, 2 vol. in-8, v. m., *fig. de Gravelot.*

918. Lucain. La Pharsale, trad. en vers françois par M. de Brebeuf. *Paris,* 1670, in-12, v. m., *front. gr. et fig. (Mouillures.)*

919. Lucanus (M. Anneus). De Bello civili, cum H. Grotii notis variorum. *Lugd.-Batav.,* 1658, in-8, v. br., *front. gr.*

920. Lucrèce. De la Nature des choses, trad. par La Grange. *Paris, Bleuet, an III,* 2 vol. in-8, v. f., fil.

> Belle édition de cette traduction estimée. Jolies figures sur cuivre.

921. Lucretius (T.). De Natura rerum libri sex. *Lutetiæ-Parisiorum, Coustelier,* 1744, in-16, pap. de Holl., v. m., fil., tr. dor.

> Jolie édition ornée de figures sur cuivre, gravées d'après les dessins de Mieris.

922. Lucrezio (T.). Della Natura delle cose libri VI, tradotti del latino in italiani da Alessandro Marchetti. *In Amsterdamo,* 1754, 2 vol. in-8, v. éc., fil., tr. dor.

> Très-bel exemplaire, papier de Hollande, et magnifiques épreuves des figures d'Eisen, le Lorrain, etc.

923. Ovidii Nasonis (Pub.) Opera, interpretatione et notis illustravit Dan. Crispinus. *Venetiis,* 1779, 2 vol. in-4, bas.

924. Ovidii Nasonis (Pub.) Opera. *Amstelodami, apud Joannem Blaeu,* 1649, 4 vol. pet. in-12, v. rac., dent., *front. gr., bel exemp.*

925. Persi (Auli) Flacci Satyrarum liber, Is. Casaubonus comment. *Parisiis,* 1605, in-8, vél.

926. Petrone latin et français, traduction entière, suivant le mss. trouvé à Belgrade en 1688 (par Nodot). *Paris, an VII,* 2 vol. in-8, dem.-rel., *fig.*

927. Phædri Fabularum Æsopiarum libri quinque (edit. ad usum Delphini). *Parisiis,* 1675, *front. gravé par Langlois, d'après Chauveau,* in-4, v. m.

928. Phædri Fabulæ et Publii Syri Sententiæ. *Parisiis, typ. regia,* 1729, in-64, mar. noir, tr. dor.

> Fort jolie édition.

929. Prudentius (Aur.). Opera. *Amstelodami,* 1631, in-24, vél. bl. (*Front. gravé.*)

930. Silius Italicus. Seconde Guerre punique, trad. de M. Lefebvre de Villebrune. *Paris,* 1781, 3 vol. in-12, v. porphyre, fil.

931. Tibulle. Les Elégies, trad. par Mirabeau. *Paris,* 1798, 3 vol. in-8, v. rac., 2 *portraits et* 12 *fig.*

932. Virgilii Maronis opera omnia, cum notis variorum. *Lugd.- Batavorum,* 1661, in-8, v. br. (*Front. gravé.*)

933. Virgilii Maronis opera, illustravit Car. Ruæus. *Londini,* 1735, in-8, bas. rac. (*Front. gravé.*)

934. Virgilius. Opera illustravit Car. Ruæus. *Londini,* 1687, in-8, v. fau.

935. Virgilius. Opera ad optimas editiones collata, præmittitur notitia litteraria studiis Soc. Bipontinæ. *Argentorati,* 1805, 2 vol. in-8, cart.

B. POÈTES FRANÇAIS.

936. Arnaud (D'). Lamentations de Jérémie, Odes. 1769, in-8, bas. rac.

937. Bernard (OEuvres de). Bernard, seule édit. complète. *Paris,* 1803-10, 2 tom. en 1 vol. in-8, dem.-rel. (*Front. gravé, fig. d'Eisen ajoutées.*)

938. Bernis (Le card. de). OEuvres. *Paris, Hernan,* 1803, 2 tom. en 1 vol. in-12, v. rac.

939. — OEuvres complètes. *Londres (Paris),* 1767, 2 tom. en 1 vol. in-12, v. fau.

940. Boileau. OEuvres, avec un nouveau commentaire par M. Amar. *Paris, Lefèvre,* 4 vol. in-8, v. gr., dent., *portrait.*

941. Boileau Despréaux. OEuvres poétiques, avec des notes de Ecouchard Le Brun. *Paris, Renouard,* 1814, in-8, dem.rel. b., *portrait.* (*Les grav. manquent.*)

942. — OEuvres, avec des notes historiques et littéraires et des recherches sur sa vie, sa famille et ses ouvrages, par M. Berriat-Saint-Prix. *Paris, Langlois,* 1830, 4 v. in-8, dem.-rel. b.

943. Boscovich (L'abbé). Les Eclipses, poème en VI chants, trad. (du latin) par l'abbé de Barruel. *Paris,* 1779, in-4, v. m.

944. Boufflers (OEuvres du chevalier Stanislas). *Paris, an XI,* in-8, bas. rac.

945. Castel. Les Plantes, poème. *Paris, imprimerie de Didot jeune, an VII*, in-12, dem.-rel. (*Figures.*)

946. — Les Animaux parlants, poème en XXVI chants, trad. en français par M. P. P. *Liége*, 1818, 3 vol. in-18, v. rac.

947. — Casti. Gli animali parlanti, poema epico. *Milano*, 1802, 2 vol. pet. in-8, dem.-rel.

948. Charles d'Orléans (Poésies de). *Grenoble*, 1803, in-12, v. rac., dent.

949. Chaulieu et de M. le marquis de La Fare (Poésies de M. l'abbé de). *Amsterdam, Est. Roger*, 1724, in-8, v. br. (*Edition originale.*)

950. Chef-d'œuvre d'un inconnu (Le). Poème heureusement découvert par le docteur Christ. Matanasius (Sallengre). *Londres*, 1758, 2 t. en 1 vol. in-12, v. gr.

951. Le même. Huitième édition. *Lausanne*, 1754, 2 vol, in-12, v. m. (*Portrait, figures.*)

952. Choix de fabliaux, mis en vers. *Genève*, 1788, 2 vol. in-12, dem.-rel.

953. Collection d'héroïdes et pièces fugitives de Dorat, Collardeau-Pezay, Blin de Saint-More et autres. *Francfort*, 1769-71, 10 vol. — Richardet, 2 vol.; ens. 12 vol. rel. en 11, v. m. (*Reliure uniforme.*)

954. Contes nouveaux en vers, suivis de quelques pièces fugitives. *Maestricht*, 1775, in-8, dem.-rel. *A la suite :* Contes nouveaux (par le chevalier de Nerciat). *Liége*, 1777.

955. Crignon. Les Orangers, les Vers à soie et les Abeilles, poèmes. *Paris*, 1786, in-18, dem.-rel., bas.

956. Cubières. Palmezeaux-Chamousset, ou la Poste aux lettres, poème précédé d'une dissertation historique sur l'origine, l'usage et l'utilité des postes. *Paris*, 1816, in-12, br.

957. Daru (P.), de l'Académie. L'Astronomie, poème en VI chants. *Paris*, 1839, in-8, dem.-rel. v.

958. Délassemens du boudoir, recueil de poésies qui n'ont pas encore été imprimées. *S. l.*, 1790, in-18, dem.-rel. bas. (*Front. gravé.*)

959. Deleuze. Les Amours des plantes, poème en IV chants. *Paris, an VIII*, in-12, dem.-rel.

960. Delille (J.). Le Paradis perdu, 3 vol. — La Pitié, 1 vol. — L'Imagination, 2 vol. — Les Bucoliques, 1 vol. — Les Jardins, 1 vol. *Paris, Michaud*, 1805-07, 8 vol. in-18, dem-rel.

961. Ducerceau (Le R. P.). Recueil de poésies diverses. 1749, 2 vol. in-12, v. gr. (*Front. gravé.*) — Réflexions sur la poésie françoise. 1742, 1 vol. in-12, ens. 3 vol.

962. Etrennes gaillardes, dédiées à ma commère. 1682, in-18, dem.-rel.

963. Fabliaux choisis, mis en vers et suivis de l'histoire de Rosemonde (par M***). *Paris*, 1785, in-18, dem.-rel. (*Mouill.*)

Renferme les fabliaux suivants : Aucassin et Nicolette, Aubert Gauvain, La Chatelaine de Vergi, le Chevalier à la Trappe.

964. Fabliaux ou Contes du xiie et du xiiie siècle, traduits ou extraits d'après divers manuscrits du temps, avec des notes, par Barbazon. *Paris*, 1779, 3 vol. in-8, v. m,

965. Flamand-Gretry. L'Ermitage de J.-J. Rousseau et de Gretry, poème. *A l'Ermitage, vallée de Montmorency*, 1820, in-8, dem.-rel. v. (7 *figures et 2 fac-sim.*)

966. Florian. OEuvres complètes. *Paris, Gide et Nicolle*, 1806-1810, 11 vol. in-18 cart., n. rog. (*Jolies figures de Queverdo.*)

967. Gilbert. OEuvres complètes, publiées pour la première fois avec les corrections de l'auteur et les variantes, accompagnées de notes littéraires et historiques. *Paris*, 1828, in-8, v. gr., dent. (*Portrait et figures.*)

968. Gresset. OEuvres. *Londres*, 1765, 2 vol. pet. in-12, v. m.

969. — OEuvres. *Paris, Renouard*, 1811, 2 vol. in-8, v. rac., fil. (*Portrait et figures.*)

A la suite se trouve *Le Parrain magnifique*, ouvrage posthume de Gresset.

970. Hamilton. OEuvres, Poésies, Contes, etc. *S. l.*, 1762-1777, 7 vol. in-18, v. m.

971. Haumont. L'Astronomie, poème didactique en VIII livres, en latin et en français. *Paris*, 1835, in-8, dem.-rel.

972. Henriade Travestie (La), en vers burlesques. *Berlin*, 1751. — La Petrissée, badinage en vers (par Bullion) 1750, en 1 vol. in-12, dem.-rel., bas. (*Mouill. et titre déchiré.*)

973. Henriade Travestie (La) en vers burlesques (*Honny soit qui mal y pense*), par de Fougeret de Montbron. *Berlin, aux dépens du public*, 1753, in-12, br.

974. Hoffman. Mes Souvenirs, ou Recueil de poésies fugitives. *Paris, an X*, in-12, dem.-rel. b.

975. Hospital (Essai de traduction de quelques Epîtres et autres Poésies latines de Michel de L'), précédé de recherches littéraires, historiques et morales sur le xvie siècle. 1778, 2 vol. in-8, v. m. (*Portrait.*)

976. Hospitalii (Michaelis), Galliarum cancellarii, carmina. *Amstelædami*, 1732, in-8, v. m. (*Front. gravé.*)

977. La Fare (Poésies de M. le marquis de). *Genève*, 1777, in-32, v. et fil., *front. gravé*. (Cazin.)

978. La Fontaine (Nouvelles OEuvres diverses de J. de), et Poésies de F. de Maucroix, accompagnées d'une vie de Maucroy, de notes, etc., par **M.** Walckenaer. *Paris*, 1820, in-8, v. jasp., dent. (*Figures et fac-sim.*)

979. — Contes et Nouvelles en vers. *Amsterdam*, 1764, **2 vol.** pet. in-8, dem.-rel. v. ant.

Belle édition, ornée de figures d'Eisen. Jolies épreuves.

980. — Amours (Les) de Psyché et de Cupidon, précédés du poëme d'Adonis. *Paris, Coiny, s. d.*, 2 vol. in-12, cart., n. rog.

Edition ornée de figures, gravées par J.-J. Coiny, d'après Raphaël.

981. Langeac (Le chev. de). Colomb dans les fers après la découverte de l'Amérique. *Londres* et *Paris*, 1782, in-8, v. m.. *fig. de Marillier.*

982. Laurès (Le chev. de). La Pharsale, poëme. *Paris*, 1773, in-8, v. m., fil.

983. Legouvé (Gabr.). Le Mérite des Femmes, et autres poésies. *Paris, Renouard*, 1809, in-12, cart., dent., tr. dor., *fig.*

984. Lemierre. La Peinture, poëme. *Paris, Le Jay, s. d.* (vers 1770), in-8, v. éc., fil., *figures de Cochin, gravées par Saint-Aubin.*

985. Lézay-Marnesia. Les Paysages, ou Essais sur la nature champêtre, poëme. *Paris*, 1800, in-8, dem.-rel. v.

986. Malfilâtre. Narcisse dans l'île de Vénus. *Paris*, 1791, in-12, dem.-rel. v.

987. Malherbe (François). OEuvres. *Paris, Barbou*, 1723, 3 vol. in-12, v. f.

Edition estimée, avec de curieuses remarques de Chevreau et des observations de Ménage.

988. Martial de Paris, dit d'Auvergne. Arresta amorum, cum commentariis B. Curti Symphoriani. *Parisiis, C. Langelier*, 1544, in-8, v. f. (*Le titre refait à la main.*)

Livre curieux et instructif particulièrement par la pratique de l'ancienne procédure.

989. Martial d'Auvergne, · dit de Paris. Les Arrêts d'amour, avec l'Amant rendu Cordelier, à l'observance d'Amour, accompagnés des Commentaires juridiques et joyeux de Benoit de Court et d'un glossaire. *Amsterdam*, 1731, in-12, v. fau., fil.

990. Mellin de Saint-Gelais. OEuvres poétiques, nouvelle édition, augmentée d'un très-grand nombre de pièces latines et françaises. *Paris*, 1719, in-12, v. br.

991. Montaigne aux Champs-Elysées, dialogues en vers ; et les

Soirées de campagne, contes en vers. *Paris*, 1823, in-8, dem.-rel.

992. Némesien (Poésies de M. Aurelius-Olympius), suivies d'une idylle de J. Fracastor sur les Chiens de chasse, par M. Delatour. *Paris*, 1807, in-18.

993. Neufchateau (François de). Les Tropes, ou les Figures de mots, poëme en IV chants. *Paris*, 1817, in-12, dem.-rel. mar. vert.

994. Parny. Œuvres diverses. *Paris*, 1812, 2 vol. in-18, dem.-rel. v., *fig*.

995. Parseval. Philippe-Auguste, poëme héroïque. *Paris*, 1826, in-8, dem.-rel.

996. Peristère, ou la Colère de l'amour, poëme en V chants. *A Gnide et à Paris*, 1787, in-18, anc. dem.-rel. mar. rou. (*Exemp. papier fort de Hollande.*)

On a relié à la suite : *Essai sur l'amour, Amsterdam*, 1788.

997. Poésies..... *Paris*, 1807, in-8, bas. porph.

998. Poésies satyriques du XVIIIe siècle (publiées par M. Sautreau). *Londres*, 1782, 2 vol. in-18, dem.-rel.

999. Pompignan (De). Poésies sacrées. *Paris*, *Nyon*, 1753, in-8, v. *Vignettes de Gravelot, portrait ajouté.*

1000. Recueil de poésies fugitives et contes nouveaux. *Londres*, 1784, in-32, v. éc., tr. dor. (Cazin).

1001. Recueil des plus jolis poèmes sur le plaisir et sur la volupté, par C. Mercier : l'Ecole de la Volupté, les Quatre Heúres de la toilette des Dames, l'Asile des Grâces. — Le Plaisir, poëme, par feu le comte d'Estaing. *Paris, Mercier de Compiègne*, 1796, 2 part. en 1 vol. in-24, bas. (2 *front. gr.*)

1002. Recueil des meilleurs contes en vers. *A Genève et à Paris*, 1774. — Nouveau Recueil, etc. 1784. Ens. 2 vol. in-8, dem.-rel.

1003. Regnier (Les Œuvres de), contenant ses Satyres et autres pièces de poésies. *Amsterdam, aux dépens d'Est. Roger*, 1710, in-12, v. br.

1004. Regnier. Œuvres. *Londres (Paris)*, 1750, 2 vol. en 1, in-16, v. marb.

Jolie édition, ornée de vignettes d'Eisen et enrichie de commentaires de Brossette.

1005. Roucher. Les Mois, poëme en douze chants. *Paris*, 1779, 4 vol. in-18, dem.-rel. v. fau.

1006. Roman (L'abbé). Les Echecs, poëme en IV chants, pré-

cédé de recherches historiques sur les échecs. *Paris*, 1807,
in-18, dem.-rel.

1007. Roman de la Rose (Le), par Guillaume de Lorris et Jean
de Meun, dit Clopinel. *Paris, Pissot,* 1735, 3 vol. in-12, v. m.

1008. Roquefort-Flamericourt (De). Etat de la Poésie française
dans les XIIe et XIIIe siècles. *Paris*, 1815, in-8, dem.-rel.

1009. Rubany-Beauregard. L'Art de la peinture, poëme. *Clermont-Ferrand*, 1810, in-8, dem.-rel.

1010. Saluste du Bartas (G. de). Les OEuvres poétiques. *Lyon,
Pierre Rigaud*, 1603, pet. in-12, dem.-rel. bas. (*Mouillé.*)

1011. Scudery (De). Alaric, ou Rome vaincue, poëme héroïque. *Leyde, J. Sambix*, 1654, in-16, v. éc., fil.

> Exemplaire avec deux notes indiquant les passages que l'on retrouve
> dans Phèdre.

1012. Théophile. OEuvres divisées en trois parties. *Rouen*, 1632,
pet. in-8, parch. (*Le prem. titre a été sali et doublé.*)

1013. Thibaut, ou la Naissance d'un comte de Champagne,
poëme en IV chants, traduit de la langue romance sur l'original composé en 1250 par Robert de Sorbonne, clerc du
diocèse de Reïms. *Paris*, 1811, in-12, br.

1014. La Turennéïde, poëme épique en XII chants, par M. D...O.
Première partie, contenant les chants I, II, III, IV, avec
une courte dissertation et les variantes historiques des
mémoires instructifs du ministère des cardinaux de Richelieu et de Mazarin dans les guerres civiles. In-4, anc. rel.
mar. rou., fil., tr. dor.

> Précieux manuscrit inédit, composé de 232 pages, d'une fort belle
> écriture du xviiie siècle (vers 1760); en tête de chaque chant se
> trouve un dessin à l'encre de Chine parfaitement exécuté et destiné à
> orner le poème lors de son apparition. Ces dessins sont signés
> B. Invenit. (Peut-être Boucher?) Le dessin du troisième chant
> représente le P. Joseph, capucin (créature de Richelieu), se justifiant au tribunal du duc de Bouillon, *à Sédan*, et celui du
> quatrième la bataille de la Marphie et la *réduction de la ville de
> Sédan* par le cardinal de Richelieu. Le nom de l'auteur que portait
> le titre a été biffé de telle façon qu'il est devenu illisible, l'on ne peut
> lire que d'Arn..., ce qui pourrait faire supposer que ce poème pourrait bien être du poète *Arnaud* de Baculard.

1015. Univers (L'), poëme en prose en XII chants, orné de figures d'après Raphaël, Le Poussin et autres. *Paris*, 1801,
in-8, bas. rac.

1016. Vanderbourg (Ch.). Poésies de Marguerite-Eléonore-Clotilde de Vallon-Chalys, depuis madame de Surville, poëte
français du XVe siècle. *Paris*, 1803, in-8, v. fau., dent., tr.
dor., *portr., fig.*

1017. Vergier. OEuvres, Contes en vers, etc. *Lausanne,* 1764,
2 vol. in-18, v. m. (*Front. gravé.*)

1018. Villon (Fr.). OEuvres. *Paris, Ant.-Urb. Coustellier,* 1723, pet. in-8, v. m.

1019. Voltaire. La Henriade, poëme en X chants. *Genève,* 1778, in-24, br., *n. rog., portrait,* format Cazin.

1020. Voltaire (Pièces inédites de), imprimées d'après les manuscrits originaux, pour faire suite aux éditions publiées jusqu'à ce jour. *Paris,* 1820, in-12, dem.-rel. v. fau.

1021. Voltaire. La Henriade. *Amsterdam, L'Honoré,* 1767, in-12, v. m.

1022. Young. Les Nuits, trad. par Le Tourneur. *Amsterdam,* 1773, 2 vol. in-12, dem.-rel.

D. POÉTES ÉTRANGERS.

1023. Algarotti (El conte). Il congresso di Citara. *Parigi,* 1768, in-18, v. éc., fil., tr. dor., *front. gravé d'Eisen.*

1024. Amours de Petrarque (Les), trad. en français avec l'italien à côté par le Sʳ Placide Catanasi. *Paris,* 1709, in-12, v. br., *front. gravé. (Piq. dans la marge.)*

1025. Arioste. Roland Furieux, trad. en vers français par le baron de Frenilly. 1834, 4 vol. in-8, dem.-rel.

1026. — Roland Furieux, poème héroïque, traduction nouvelle par Dussieux. *Paris, Laporte,* 1773, 4 vol. in-4, cart., non rog.

> Edition recherchée pour les 93 figures de Cochin (y compris celles de l'édition italienne de Baskerville, dont elle est ornée).

1027. Ariosto (L.). Orlando furioso. *Parigi, Delalain,* 1777, 4 vol. in-12, v. marb., fil., tr. dor., front. gravé. *(Portrait.)*

1028. — Orlando furioso. *Vinegia, Giolito,* 1547, in-4, v. f., fil.

> Edition ornée d'un portrait et de figures sur bois. Elle est conforme à la description qu'en donne Brunet.

1029. Berni (Francesco). Orlando innamorato, nuovamente composto. *Vinetia, L. Giunta,* 1541, in-4, v. f., fil.

> Bel exemplaire de cette édition rare et recherchée.

1030. Boyardo (Math. Maria, comte de Scandiano). Extrait de Roland l'Amoureux, par M. le comte de Tressan. *Paris,* 1780, in-12, v. m.

1031. Dante. Traduit en vers français par stances correspondantes aux Tercets textuels, sur un texte nouveau, par J. A. de Gourbillon. *(L'Enfer.) Paris,* 1831, in-8, dem.-rel.

1032. Dante. Le Purgatoire, traduit de l'italien. *Paris*, 1813, in-8, v. rac., dent., *fig.*

1033. Huber. Choix de Poésies allemandes. *Paris*, 1766, 4 vol. in-12, v. m. (*Figures.*)

1034. Noceti (Car.). De Iride et Aurora boreali carmina. *Romæ*, 1747, in-4, vél.

1035. Petrarque. Choix de ses Poésies, traduites par Levesque. *Venise*, 1774, in-12, dem.-rel.

1036. Pope. Essai sur l'homme (trad. par de Silhouette). *S. l.*, 1736, pet. in-8, v. marb., fil.

> Exemplaire aux armes d'un comte de Rieux.

1037. — Traduction de l'Essai sur l'homme en vers français, avec le texte anglais, par M. de Fontanes. *Paris*, 1821, in-8, bas. rac.

1038. Pope (J.). Essai sur l'homme, trad. en vers français, par Delille. *Paris*, 1825, in-8, dem.-rel., *fig.*

1039. Tasse. L'Aminte, traduction nouvelle. *Paris, Cazin*, 1786, in-18, v. rac., dent., tr. dor., *front. gravé.*

1040. Tasso (T.). Aminta, favola pastorale. *Parigi, presso Molini*, 1781, in-12, dem.-rel., front. gravé.

1040 *bis.* Le même. *Parigi, appresso Prault*, 1745, in-12, v. m. (*Figures.*)

1041. Tasso (La Gerusalemme liberata di T.). *Parigi, appresso Delalain*, 1768, 2 vol. in-18, v. porph., fil., tr. dor. *Portrait, titre et front. gravés.*

1042. Thompson. Les Saisons, trad. de l'anglais. *Londres*, 1783, in-18, v. éc., fil., tr. dor., *front. gravé.* (*Cazin.*)

1043. Yriarte. Fables Littéraires, traduites en vers français par J.-B. Lanos. *Paris, an IX.*

E. FABLES.

1044. Arnault. Fables et Poésies diverses. *Paris, Bossange*, 1825, in-8, dem.-rel.

1045. Dorat. Fables. *S. l. n. d.*, in-8, dem.-rel. b. *Front. gravé, portrait et figures de Marillier.*

1046. Houdart de La Motte. Les Fables, traduites en vers français par le P. S. F. (*asinus ad Liram*); et se vend au Café du Mont-Parnasse, ou à la Source des Liqueurs, à la Croix du tiroir, in-12, v. fau., titre gravé.

> Cette parodie des fables de Houdart de La Motte est de l'abbé Gaçon, connu sous le nom du Poète sans fard.

1047. Houdart de La Motte (Fables nouvelles dédiées au Roy, par M. de). *Paris, 1719. in-4, v. m., figures à-mi pages gravées d'après Coypel et Gillot.*

Exemplaire ayant appartenu à la célèbre M*me* Geoffrin, dont le nom se trouve sur le titre, ainsi qu'une longue note manuscrite sur la garde du volume.

1048. La Fontaine. Fables choisies, mises en vers. *Paris, 1783, 2 vol. in-fol., rel. fatiguée.*

Edition avec les figures d'Oudry.

1049. — Fables, avec un nouveau commentaire littéraire et grammatical, par Ch. Nodier. *Paris, Eymery, 1818, 2 vol. in-8, v. jas., dent. Portrait, figures.*

1050. —Fables. *Paris, an IV, 6 vol. in-12, v. f., dent., tr. dor.*

Belle édition ornée de jolies figures gravées par MM. Simon et Coiny.

1051. Lemonnier (L'abbé). Fables, Contes et Epîtres. *Paris, 1773, in-8, v. m., front. gravé par Prevost d'après Cochin. (Exemp. pap. de Hollande.)*

1052. Neufchateau (F. de), Fables et Contes en vers. *Paris, P. Didot l'aîné, 1815, 2 vol. in-12, dem.-rel. bas., portrait.*

F. CHANSONS.

1053. Anthologie française des chansons choisies depuis le xiiie siècle jusqu'à présent. *S. l.,* 1765.— Recueil de romances historiques, tendres et burlesques, par M. D. L. (De La Borde). 1767. — Chansons joyeuses mises au jour par un Ane-Onyme (Collé). 1765. — Les Petits Passetemps de société, ou Choix de romances, pots-pourris, chansons, etc. *A Paris, chez Aubry.* Ens. 6 part. en 5 vol. in-8, bas., *figures* d'Eisen et musique notée.

On trouve rarement ces 6 volumes réunis. Le premier a quelques mouillures.

1054. Brazier (N.). Chansons. *Paris, Bárba,* 1835, in-12, dem.-rel. (*Figures.*)

1055. Chansonnier de la Montagne (Le), ou Recueil de chansons, vaudevilles, pots-pourris, hymnes patriotiques, par différents auteurs. *Paris, an II,* in-18, v. jasp., fil., tr. dor.

1056. Chansons choisies, avec les airs notés. *Londres, Cazin,* 1783, 3 vol. in-32, v. éc., fil., tr. dor.

1057. Nouveau Chansonnier patriote, ou Recueil de chansons,

vaudevilles patriotiques, etc., par différents auteurs ; dédié aux martyrs de la révolution. *Lille, an II*, in-18, bas.

Avec frontispice gravé représentant les portraits de Marat et de Lepelletier de Saint Fargeau.

1058. Petit Chansonnier (Le) français, ou Choix des meilleures chansons. *Genève*, 1778, 3 vol. pet. in-8, v. éc., fil., tr. dor., *front. gravé.*

1059. Poésies nationales de la Révolution française, ou Recueil complet des chants, hymnes, couplets, odes, chansons patriotiques. *Paris*, 1836, in-8, dem.-rel. v.

1060. Romances, vaudevilles et brunettes. In-8, vélin vert.

Recueil manuscrit du milieu du xviiie siècle, 312 pages, d'une fort belle calligraphie. En tête de chaque pièce se trouve la musique notée.

1061. Sommaire de tous les recueils des Chāsons, tant amoureuses, rustiques, que musiciennes, côprinses en quatre lirures. *Paris, Bonfons*, 1585, 2 vol. in-16, mar. bleu, fil., dent. intér., tr. dor. (*Titre et le dernier feuillet doublés.*)

Edition non mentionnée par Brunet.

1062. Vadé. OEuvres complètes, avec les airs notés à la fin de chaque volume. *Genève*, 1777, 4 vol. in-32, v. éc., fil., tr. dor., *portrait.* (Cazin.)

IV. THÉATRE.

A. AUTEURS DRAMATIQUES FRANÇAIS.

1063. André. La Tragédie de Mᵉ André Perraguier, ou le Tremblement de terre de Lisbonne, en 5 actes et en vers. 1805, in-8, br.

1064. Arnaud (D'). Les Amants malheureux, ou le Comte de Comminges, drame. *Paris*, 1769, in-8, v. m. *fig.*

1065. Boindin (OEuvres de M.). *Paris*, 1753, 2 vol. in-12, v. m.

Contient aussi des dissertations archéologiques.

1066. Brazier. Histoire des petits théâtres de Paris depuis leur origine. *Paris*, 1838, 2 vol. in-18, dem.-rel. v.

1067. Chenier (M. J. de). Charles IX ou l'École des rois, tragédie. *Paris, de l'imprimerie de Didot le jeune*, 1780, in-8, dem.-rel. (*Figures de Borel gravées par Delignon.*)

1068. Corneille (P.). Le Théâtre ; nouvelle édition. *Amster-*

dam, chez Zach. Chatelain, 1740, 6 vol. in-16, v. rac., fil. (*Portrait et figures.*)

1069. Corneille. Le Théâtre. Nouvelle édition, revue, corrigée et augmentée de ses œuvres diverses. *Amsterdam, chez Zach. Chatelain,* 1740, 6 vol. (*Portrait et figures.*) — Commentaires sur les théâtres de Pierre Corneille et autres morceaux intéressants. *S. l.,* 1764, 3 vol. Ens. 9 vol. in-16, v. rac., fil.

1070. — Heraclius, empereur d'Orient, tragédie. *S. l.,* réimpression du xviiie siècle, in-12, mar. rou., fil., tr. dor.

Exemplaire interfolié, avec changements manuscrits faits par Esmenard, auteur du poëme de la navigation.

1071. Crébillon. Chefs-d'œuvre, avec des notes et des remarques par Ch. Nodier et autres. *Paris,* 1825, in-8, dem.-rel. (*Portrait.*)

1072. Legrand. Comédie du Roy, théâtre. *Paris, P. Ribou,* 1731, 4 vol. in-12, v. fauv.

1073. Mémoire p. s. à l'histoire du spectacle de la foire, par un acteur forain. *Paris,* 1743, 2 vol. in-12, v. m.

1074. Mimaut. Les Épouseurs, ou le Médecin des Fous, comédie. *Paris, an VIII,* br. in-8.

1075. Molière. OEuvres. *Amsterdam, H. Uytwerf,* 1735, 4 vol. pet. in-12, v. marbr.

Portrait et nombreuses figures en taille-douce.

1076. Molière (OEuvres de), avec des remarques grammaticales, des avertissements et des observations sur chaque pièce, par M. Poret. *Paris, par la Compagnie des libraires associés, an XIII* (1804), 6 vol. in-8, cart., non rogn. (*Portrait et figures de J. M. Moreau le jeune.*)

1077. Mort (La) de Louis XVI, tragédie en 3 actes (par Barthès). *Paris,* 1793. (*Portraits de Louis XVI et de Marie-Antoinette.*) — Le Martyre de Marie-Antoinette, tragédie en 5 actes (par le même). 1793. — Élisabeth de France, sœur de Louis XVI, tragédie. *Paris,* 1797, in-18, dem.-rel., 3 pièces en 1 vol. (*Portrait.*)

1078. Nivelle et de La Chaussée. OEuvres. *Paris,* 1762, 5 vol. pet. in-12, v. m.

1079. Noue (De La). OEuvres de théâtre. *Paris,* 1765, in-12, v. m. (*Portrait.*)

1080. Racine (Théâtre complet de Jean), avec le commentaire de M. de Laharpe. *Paris, Verdière,* 1817, 5 vol. in-8, dem.-rel. (*Figures et portraits.*)

1081. Racine. OEuvres. *Paris, Le Normant,* 1808, 6 vol. in-8, dem.-rel. b.

1082. Recueil des Parades. Beau manuscrit du dernier siècle, de 237 pages in-12, v. m., fil., tr. dor.

> Ce recueil contient : Blanc et Noir. — La Vache et le Veau. — Le Courrier de Milant. — La Pomme de Turquie. — Le Mauvais Temple. — Le Père aux Indes.

1083. Théâtre : Auteurs dramatiques. — OEuvres de Racine, 1775, 3 vol. in-18 ; — de Regnard, 1750, 4 vol. in-18 ; — de Brueys et Palaprat, 1755, 5 vol. ; — de Boursault, 1746, 3 vol. in-12 ; — de Rivière du Freny, 1731, 6 vol. in-12 ; — de La Grange Chancel, 1735, 3 vol. in-12 ; — de Dancourt, 1783, 4 vol. in-12. Ensemble 28 vol., rel. v. marbr.

> *N. B.* Chaque auteur sera vendu séparément, suivant les demandes.

1084. Théâtre burlesque. Choix de Tragédies et Comédies facétieuses. *Paris,* 1840, 2 tom. en 1 vol. in-18, dem.-rel.

1085. Théâtre de société, par Laujon. *La Haye,* 1777, 3 vol. in-12, v. m.

1086. Théâtre Italien (Le), ou le Recueil de toutes les comédies et scènes françaises qui ont été jouées sur le Théâtre Italien. *Amsterdam,* 1695, pet. in-12, dem.-rel. mar. gr. (*Front. gravé.*)

B. THÉATRE ÉTRANGER.

1087. Gazul (Clara) (Théâtre de), comédienne espagnole. *Paris,* 1825, in-8, dem.-rel.

1088. Guarini. Il Pastor fido. *Londra,* 1774, in-18, v. m.

1089. Shakespeare. OEuvres complètes, traduites de l'anglais par Letourneur. Nouvelle édition revue et corrigée, par F. Guizot. *Paris, Ladvocat,* 1821, 13 vol. in-8, dem.-rel. v. violet. (*Portrait.*)

1090. Térence. Les Comédies traduites, avec le latin à côté et des notes par l'abbé Lemonnier. *Paris,* 1771, 3 vol. pet. in-8, v. m., *figures.*

1091. Terentii (Pub.) Comœdiæ VI. *Amstelodami,* 1681, pet. in-12, v. br. (*Front. gravé.*)

V. ROMANS, CONTES ET FACÉTIES.

1092. Amadis des Gaules (mis en abrégé par Mme de Lubert). *Amsterdam (Paris,* 1750), 4 vol. in-12, v. fauv. (*Jolies figures et vignettes.*)

1093. Amours (Les) d'Ismène et d'Ismenias, traduits par Beau-

champ. *La Haye (Paris, Coustelier)*, 1543, in-12, v. m. — À
la suite : Les Amours de Rhodante et de Dosiclès, 1746. (*Figures.*)

1094. Amusements des Eaux de Spa. *Londres*, 1782, 5 vol.
in-18, dem.-rel.

1095. Art (L') de désopiler la rate, sive de modo C. prudenter,
en prenant chaque feuillet pour se T. le D. *À Gallipoli
de Calabre, l'an des folies* 175886, in-12, v.

1096. Art (L') de faire des dettes et de promener ses créanciers, par un homme comme il faut. *Paris*, 1822-1824, 2
part. in-8, br.

1097. Aventures de Don Antonio de Buffalis. Histoire italienne.
Paris, 1724, in-12, br.

1098. Barclaii (Joa) Argenis ...cum clave. *Lugd.-Bat.*, 1630,
pet. in-12, vél. (*Front. gravé.*)

1099. Barthelémy (L'abbé). Carite et Polidore. *Lausanne*,
1796, in-12, v. m.

1100. Bernardin de Saint-Pierre. La Chaumière indienne. *Londres (Paris)*, 1792, in-18, br., n. rog.

> Edition originale, rare.

1101. — L'Arcadie. *Angers*, 1781, in-18, br., *fig.* (*Edition originale.*)

1102. Bibliothèque Bleue, n°ˢ I et II. *Paris*, 1783, 2 vol. in-8,
cart. (*Figures de Desrais.*)

> Ces deux volumes contiennent Pierre de Provence, Fortunatus,
> Robert le Diable, Jean de Calais, Richard-sans-Peur et les Quatre Fils
> d'Aymon.

1103. Bigarrures (Les) du seigneur des Accords. *Poitiers, par
Jean Bauchu*, 1606, in-16, v. rac., fil. (*Court de marges.*)

1104. Bijoux indiscrets (Les), par Diderot. *Au Monomotapa*
(1748), 2 vol. in-12, v. m., tr. dor.

1105. Bouchet (Guillaume). Les Sérées. *A Paris, chez Gabriel
Buon*, 1586. (*Premier livre*), in-16, v. fau. (*Piq. de vers.*)

1106. Chevalier des Essarts (Le) et la comtesse de Bercy, histoire remplie d'événements intéressans. *Amsterdam*, 1750,
2 vol. pet. in-8, v. marb. (*Armes.*)

1107. Contes dérobés. *Venise, chez Pantaléon-Phébus*, 1787,
in-12, dem.-rel. bas.

1108. Corps d'extraits de romans de chevalerie, par le comte
de Tressan. *Paris*, 1782, 4 vol. in-12, dem.-rel. b.

1109. Coltin (Mme). OEuvres. *Paris*, 1815, 12 tomes en 8 vol.
in-18, d.-rel. bas. (*Figures.*)

1110. Daïra. Histoire orientale. 1761, 2 tomes en 1 vol. in-18, v. m.

> Roman satirique relatif à M. de la Popelinière, célèbre financier.

1111. Desforges. Le Poëte, ou Mémoires d'un homme de lettres, écrits par lui-même. *Paris*, 1819, 5 vol. in-12, dem.-rel. (*Portraits, figures.*)

1112. Edouard, par l'auteur d'Ourika (Mme la duchesse de Duras, née de Kersaint). *Paris, Ladvocat*, 1825, 2 tom. en 1 vol. in-12, dem.-rel.

1113. Epoux malheureux (Les), ou Histoire de M. et de Mme de la Bedoyère (par d'Arnauld de Baculard). *La Haye*, 1768, 2 tom. en 1 vol. in-12, bas.

1114. Facéties agréables (Les), ou Recueil de contes historiques et comiques, par W. G. M... 1794, in-18, dem.-rel. bas. (*Manque le titre.*)

1115. Femme docteur (La), ou la Théologie tombée en quenouille. *Douai*, 1731, in-12, v. gr.

1116. Fénelon. Les Aventures de Télémaque. *Paris, de l'imprimerie de Didot l'aîné*, 1796, 4 vol. in-12, dem.-rel. v. br., *n. rog.*

> Jolie édition ornée d'un portrait et de figures dessinées par Queverdo. Tiré à 200 exemplaires seulement.

1117. — Les Aventures de Télémaque, nouvelle édition. *Paris*, 1824, in-4, dem.-rel.

> *Portrait sur le titre* et 25 belles estampes sur cuivre d'après les dessins de Monnet.

1118. Fromageot. Le Cousin de Mahomet. *Constantinople (Paris)*, 1786. 2 t. en 1 vol. in-18, dem.-rel.

1119. Genlis (Mme de). Les Chevaliers du Cygne, ou la Cour de Charlemagne. *Paris*, 1795, 3 vol. in-8, dem.-rel. bas.

1120. Gibelin (Ant.). Tulikan, fils de Gengiskan, ou l'Asie consolée. *Paris*, 1803, in-8, dem.-rel., *fig.* (*Exem. pap. vél.*)

1121. Histoire générale des Larrons, divisée en 3 livres. *Paris*, 1631, 3 livres en 1 vol. pet. in-8, dem.-rel. v. m. (*Court de marges et mouillé.*)

1122. Hourcastremi, avocat. Les Aventures de messire Anselme, chevalier des Loix. *Londres*, 1790, 4 part. en 2 vol. in-8, dem.-rel. (*Figures et planches.*)

1123. Innocence du premier âge (L'), ou Histoire de P. Le Long et de Blanche Bazu, suivie de la Rose ou la Fête de Salency. *Paris*, 1778, in-8, v. m. (*Figures de J.-B. Greuze.*)

1124. Irons-nous à Paris ? ou la Famille du Jura, roman plein de vérité. *Paris*, 1804, in-12, cart., n. rog.

1125. Lesage. Histoire de Gil Blas de Santillane. *Paris, Ledoux et Tenré*, 1817, 4 vol. in-18, dem.-rel. mar.

1126 — Le Bachelier de Salamanque, ou les Aventures de Don Chérubin de la Ronda. *Paris*, 1784, 2 vol. in-18, dem.-rel.

1127. Louvet de Couvray. Emilie de Varmont, ou le Divorce nécessaire et les Amours du curé Sevin. *Paris*, 1792, 3 tom. en 1 vol. in-18, dem.-rel.

1128. Manuel des boudoirs, ou Essais sur les demoiselles d'Athènes à Cythère. *L'an des plaisirs* 1240, 4 vol. in-18, dem.-rel. (*Figures*).

1129. Le Masque de fer, ou les Aventures admirables du père et du fils (par le chev. de Mouhy). *La Haye*, 1750, in-12, bas. (*Aux armes de Joyeuse.*)

1130. Mercier. Fictions morales. *Paris*, 1792, 3 vol. in-8, v. rac.

1131. Merlini Coccaii opus. *Venetiis, apud Dominicum de Imbertis*, 1585, pet. in-12, vél. bl.

Bon exemplaire sauf quelques mouillures. Edition recherchée.

1132. Meursii (Joa.) Elegantiæ sermonis Aloysiæ Sigæ toletanæ satira, etc., 1757, pet. in-12, v. fil. (*Manque le titre.*)

1133. Mille et une Nuits (Les). Contes arabes, trad. par Galland. *Paris*, 1823, 7 vol. in-18 dem.-rel. (*Figures.*)

1134. Montesquieu. Lettres persanes. *Cologne, chez P. Marteau*, 1744, 2 tom. — Lettres turques. 1744, en 1 vol. in-12, v. m.

1135. Mouche (La), ou les Aventures et Espiégleries facétieuses de Bigard. *Paris, s. d.* (vers 1795), 4 tom. en 2 vol. in-18, bas. (*Figures.*)

1136. Moyen de parvenir (Le), par Beroalde de Verville. Nouvelle édition. A **** (*Paris*), 100070057. (1757), 2 vol. pet. in-12, v. rac. (*Front. gravé.*)

1137. Nieuport. (Le commandeur de). Un peu de tout, ou Amusements d'un sexagénaire, depuis 1807 jusqu'en 1816. *Bruxelles*, 1818, in-8, dem.-rel. (*Pap. de Holl.*)

1138. Nouveau Gulliver (Le), ou Voyage de Jean Gulliver, fils du capitaine, trad. d'un manuscrit anglais par M. L. D. F. *Paris*, 1730, 2 tom. en 1 vol. in-12, v. br.

1139. Nuits parisiennes (Les), à l'imitation des Nuits attiques d'Aulu-Gelle, ou Recueil de traits singuliers, usages, etc., par Chomel. *Londres*, 1769, 2 tom. en 1 vol. in-12, bas. jas.

1140. Oreille (L'), Conte asiatique. *Paris, Barrois l'aîné*, 1789, 3 tom. en 1 vol. in-18, dem.-rel.

1141. Orpheline Anglaise (L'), ou Histoire de Charlotte Summers. *Londres*, 1781, 4 vol. in-32, v. éc., fil., tr. dor. (*Cazin.*)

1142. Ourika (par Me de Duras). *Paris, Ladvocat,* 1824, in-12, dem.-rel., v., pap. vél.

1143. Périers (Bonaventure des). Cymbalum Mundi, ou Dialogues satyriques sur différents sujets; édit. publiée par **Prosper Marchand.** *Amsterdam,* 1732, pet. in-12, bas. rac., *front. gravé et figures.*

1144. Pithœi (P.) Comes juridicus. *Parisiis,* 1711, in-12, v. gr.

> Petit livre non cité par Brunet et presque inconnu, dont **Grosley ne** parle même pas dans son livre de la Vie de MM. Pithou.

1145. Prévost (L'abbé). Histoire de Cleveland, fils naturel de Cromwell. *Paris,* 1808, 6 vol. in-18, dem.-rel.

1146. Primerose. par M..el de V..dé (Morel de Vindé). *Paris, Didot, l'aîné,* 1797, in-18, bas. rac.

1147. Pythagore moderne (Le), ou les Aventures de du Go... ouvrage dédié aux dames philosophes, par M. V. C., avocat. 1762, in-12 br., n. rog.

1148. Quinze Joyes de mariage (Les), ouvrage très-ancien auquel on a joint le Blason des fausses amours, le Loyer des folles amours et le Triomphe des Muses, etc. *La Haye,* 1734, in-12. — *A la suite on a relié* : Nouvelle Théorie des plaisirs, par Salzer. 1767, in-12, v. m.

1149. Recueil de gaîté (Nouveau) et de philosophie, par un gentilhomme retiré du monde. 1785, 2 part. en 1 vol. in-12, dem.-rel. v. m.

> L'auteur de ce livre est M. le comte de La Touraille, gentilhomme du prince de Condé, mort sur l'échafaud en 1794; d'après une note cet exemplaire a été donné par lui.

1150. Recueil de romans historiques (publié par l'abbé Lenglet du Fresnoy). *Londres (Paris),* 1746, 8 vol. in-12, v. rac., fil.

1151. Retif de la Bretonne. Le Paysan Perverti, ou les Dangers de la ville, histoire récente mise au jour. *La Haye, Esprit,* 1776, 4 vol. in-12, v. m., *figures de Binet.*

1152. Serviez (Le général). Les Prémices d'Annette. *Paris, an IV,* in-18, dem.-rel. *(Figures.)*

1153. Siége (Le) de Calais, nouvelle historique (par Me de Tencin et Pont de Vesle), 2e édit. *La Haye, J. Heaulme,* 1779, 2 tom. en 1 vol. in-12, v. marb.

1154. Tabourot (Estienne). Les Bigarrures et Touches du Sr, des Accords, avec les apophtegmes (et contes facétieux du Sr Gaulard), et les Escraignes dijonnoises. *Rouen, L. Du Mesnil,* 1611, pet. in-8, v. m., plusieurs parties avec titres séparés, en 1 vol. (*Figures sur bois des rébus de Picardie.*)

1155. Tanzaï et Neardné. Histoire japonaise. *Pékin*, 1781, 2
vol. in-32, bas. rac.

1156. Tours de M° Gonin (Les), enrichis de figures en taille-
douce. *Imprimé à Paris et se trouve à Anvers*, 1714, 2 vol.
in-12, v. br. (*Figures.*)

1157. Tressan (Le comte de). Le Chevalier Robert, ou Robert
le Brave. *Paris*, 1800, in-8, dem.-rel.

1158. Villaret (Le Cocq, ou Mémoires du chevalier de). 1742.
— La Belle Allemande, ou les Galanteries de Thérèse. 1742,
in-12, v. f.

1159. Voisenon (L'abbé de). Romans et Contes. *Londres*, 1775,
2 tom. en 1 vol. in-18, dem.-rel.

1160. Voyage de Chapelle et Bachaumont, suivi de quelques
autres voyages dans le même genre. *Londres*, 1782, in-24,
v. marb., fil., tr. dor., *front. gravé.*

>A la fin on trouve : Tangu et Félime, poème en quatre chants.

1161. Voyage sentimental, augmenté de l'histoire de deux filles
très-célèbres dans le monde. *Londres*, 1782, 2 vol. in-32,
v. éc., fil., tr. dor. (Cazin.)

VI. ROMANS EN LANGUES ÉTRANGÈRES OU TRADUITS.

1162. Agnès de Lilien. Trad. de l'allemand. *Paris*, 1802, 2
part. en 1 vol. in-8, dem.-rel.

1163. Bakhtiar Nameh, ou le Favori de la fortune, conte traduit du persan par M. Lescallier. 1805, in-8, dem.-rel.

1164. Boccaccio. Il Decamerone. *Londra (Parigi), Delalain*,
1789, 3 vol. in-12, br., n. rog. (*Portrait, titres gravés.*)

1165. Boccace (Contes de). Traduction nouvelle, augmentée de
divers contes et nouvelles, par Sabatier de Castres. *Paris*,
1801, 11 vol. in-8, v. jaspé, bel exempl.

>Orné de jolies figures d'après Cochin, à chaque conte, d'un por-
trait et de frontispices gravés.

1166. Boccaccio. Il Decamerone di Giovanni Boccacio, nuovamente corretto e con diligentia stampato. *Firenze, per li
heredi di Philippo di Giunta*, 1527, pet. in-4, v. f., fil., tr. d.

>Bel exemplaire, grand de marges.

1167. Etourdie (L'), ou Histoire de Miss Betsy Tatless, trad. de
l'anglais. *Londres (Cazin)*, 1782, 2 vol. in-18, v. m. fil., tr.
dor.

1168. Facécieuses Nuits de Straparole (Les), contenant plusieurs beaux contes et énigmes. racontés par dix damoiselles et quelques gentilshommes ; trad. d'italien en français par P. de Larivey, gentilhomme Champenois. *Amsterdam*, 1725, 2 vol. pet. in-12, v. m.

1169. Fielding. Tomes Jones. Histoire d'un enfant trouvé. *Paris, Furne*, 1836, 2 vol. in-8, dem.-rel., *figures sur acier.*

1170. Godwin (W.). Les Aventures de Caleb Williams, ou les Choses comme elles sont. *Paris, Agasse*, 1813, 3 vol. in-12, v. f., fil.

> Exemplaire provenant de la bibliothèque du cardinal Maury dont il porte les armes sur les plats.

1171. Lescallier (Le baron). Le Trône enchanté, conte indien trad. du persan. *New-York*, 1817, 2 vol. in-8, cart., n. rog.

1172. Mailly (Le chevalier de). Le Voyage et les Aventures des trois princes de Sarendip, trad. du persan. 1719, in-12, v. br. (*Figures.*)

1173. Mille et un quarts-d'heure (Les), contes tartares. *Paris*, 1753, 3 vol. in-12, rel. bas.

1174. Mille et un Jours (Les), contes persans, par Petit de la Croix. *Paris*, 1729, 5 vol. in-12, v. br.

1175. Radcliffe (Anne). Les Mystères d'Udolphe, trad. de l'anglais par Victorine de Chastenay. *Paris*, 1808, 6 tom. en 3 vol. in-18, dem.-rel. (*Figures.*)

> Edition revue par M. Després, secrétaire de la reine Hortense.

1176. Richardson. Paméla, ou la Vertu récompensée, trad. par l'abbé Prévost. *Paris*, 1793, 12 tom. en 6 vol. in-18, cart., n. rog. (*Figures.*)

1177. Ti-i-Traï Treu-Chou, c'est-à-d. l'ouvrage du premier écrivain élégant. — Les 4 premiers chapitres du roman historique intitulé l'*Histoire des trois Royaumes*, in-12, cart.

> Livre en langue chinoise, orné de curieuses figures et, d'après une note, imprimé à Canton, en 1828, où il a coûté 4 piastres.

1178. Traduction libre d'Amadis de Gaule, par le comte de Tressan. *Amsterdam*, 1779, 2 vol. in-12, v. m. (*Titre racc.*)

1179. Wieland. Histoire du sage Danischmend et des trois Calenders, trad. en français. *Paris*, 1800, 2 vol. in-12, dem.-rel. (*Figures.*)

VII. ÉPISTOLAIRES.

1180. Abeilard. Véritables Lettres d'Abeillard et d'Héloïse, tirées d'un ancien manuscrit latin, etc., trad. par l'auteur de leur vie, avec des notes, etc. (par Dom Gervaise). *Paris,* 1723, 2 vol. in-12, v. jaspé.

1181. Bolinbroke (Lettres historiques, politiques, etc. de Henry Saint-John Lord-Vicomte), depuis 1710 jusqu'en 1736. *Paris,* 1808, 3 vol. in-8, dem.-rel. (*Portrait.*)

1182. Chesterfield (Lettres de lord) à son fils Philippe Stanhope ; traduction revue, corrigée, accompagnée de notes et précédée d'une notice sur la vie et les ouvrages de l'auteur, par M. Amédée Renée. *Paris,* 1842, 2 vol. in-12, dem.-rel. bas.

1183. Cicéron. Lettres à Brutus et de Brutus à Cicéron, avec une préface critique, des notes et diverses pièces choisies. *Paris, Barbou, l'an II,* in-12, v. f.

1184. — Lettres à Atticus, avec des remarques de l'abbé Mongault. *Paris,* 1787, 4 vol. in-8, v. marb.

1185. Collins (Commercium epistolicum D. J.) et aliorum de Analysi promota, etc. *Londini,* 1722, in-8. — Essay on the usefulness learning, etc. *Oxford,* 1701. En 1 vol. in-8, v.

1186. Espion Anglais (L'), ou Correspondance secrète entre mylord All'Eye et mylord All E'ar. *Londres,* 1779, 10 vol. in-12, dem.-rel.

1187. Galiani (Correspondance inédite de l'abbé), conseiller du roi pendant les années 1765 à 1783, avec Mlle d'Epinay, le baron d'Holbach, Grimm, Diderot et autres. *Paris,* 1815, 2 vol. in-8, dem.-rel.

1188. Lespinasse (Lettres de Mlle de), écrites depuis l'année 1773 jusqu'à l'année 1779. *Paris, Collin,* 1809, 2 vol. in-8, dem.-rel.

1189. Lettres historiques et galantes de deux dames de condition (par Mme Dunoyer). *Amsterdam,* 1720, 6 vol. in-12, v. br., *fig.*

1190. Lettres de Junius, traduites de l'anglais par Parisot. *Rouen,* 1823, 2 vol. in-8, dem.-rel.

1191. Lettres de Mme la comtesse de L... à M. le comte de R... (par Mlle de Sommery). *Paris,* 1785, in-12, v. m.

1192. Lettres de Mlle Aissé à Mme C... *Paris,* 1787, in-18, v. fau.

1193. Paciaudi. Lettres au comte de Caylus (sur les antiquités) publiées par Serieys. *Paris,* 1802, in-8, dem.-rel., 2 *pl.*

1194. Patin (Guy). Lettres choisies. *Roterdam, Leers,* 1725. 4 vol. in-12, v. br.

Edition la plus complète de ce recueil curieux et instructif.

1195. Recueil de Lettres de Mlle de Launai (Mme de Stael) au chevalier de Menil, au marquis de Silly et à M. d'Héricourt. *Paris, an IX,* 2 vol. in-12, bas. j.

VIII. PHILOLOGIE.

1196. Berington (Joseph). Histoire littéraire des Arabes ou des Sarrazins pendant le moyen-âge. *Paris,* 1823, in-8, dem.-rel.

1197. Boucharlat. Cours de Littérature, faisant suite au Lycée de la Harpe. *Paris,* 1826, 2 vol. in-8, dem.-rel. v. rose.

1198. Bouchaud. Antiquités poétiques, ou Dissertations sur les poëtes cycliques et sur la poésie rhythmique, *Paris, Pougens, an VII,* in-8, v. rac., fil.

1199. Chenier (M. J. de). Fragments du Cours de Littérature fait à l'Athénée de Paris en 1806 et 1807. *Paris,* 1818, in-8, dem.-rel.

1200. Essai sur Pindare, par Vauvilliers. *S. l.,* 1776, in-12, v. m. (*Front. gravé.*)

1201. Gronovii (Joh. Fred.) ad L. et M. Annæos Senecas notæ. *Lugd.-Batav., ex officina Elzeviriana,* 1649, in-12, v. br.

1202. Guillon. La Fontaine et tous les Fabulistes, ou La Fontaine comparé à tous ses modèles et à ses imitateurs. *Paris,* 1803, 2 vol. in-8, dem.-rel. v. vert.

1203. Llorente. Observations critiques sur le roman de Gil Blas de Santillane. *Paris,* 1822, in-8, dem.-rel.

1204. Luneau de Boisjermain. Jérusalem délivrée, ou Cours de littérature italienne. *Lausanne,* 1795, 3 vol. in-8, dem.-rel.

1205. Malfilâtre. Le Génie de Virgile, ouvrage posthume publié d'après les mss. autogr., avec des notes et des additions par Miger. *Paris,* 1810, 4 vol. in-8, dem.-rel.

1206. Melanchton. (Phil.) Oratio. 1520.—D. Erasmi Xenophon Hieron. *Basilæ,* 1530, pet. in-8.

1207. Mélanges de littérature, publiés par J.-B.-A. Suard. *Paris, an XII* (1803), 3 vol. in-8, dem.-rel. b.

1208. Ménage, Anti-Baillet, ou Critique du livre de M. Baillet, intitulé Jugemens de savants. *La Haye,* 1690, 2 vol. en 1, in-12, v. marb.

1209. Nodier (Ch.). Questions de littérature légale, du plagiat, de la supposition d'auteurs, des supercheries qui ont rapport aux livres. *Paris,* 1828, in-8, dem.-rel. bas.

1210. Peignot (G.). Essai chronologique sur les hivers les plus rigoureux, depuis 396 ans avant Jésus-Christ jusqu'en

1820, suivi de quelques recherches sur les effets les plus singuliers de la foudre, depuis 1676 jusqu'en 1821. *Paris*, 1821, in-8, dem.-rel. mar. vert.

Exemplaire papier de Hollande.

1211. Recherches sur les sources antiques de la littérature française, par Jules Berger de Xivrey. *Paris*, 1829, in-8, dem.-rel. b.

1212. Rousseau (J.-B.) (Mémoire pour le sieur) contre Guillaume Arnoul Savetier et le sieur Saurin, de l'Académie ; 143 pages. — Mémoires pour servir à l'histoire des couplets de 1710, faussement attribués à Rousseau. *Bruxelles*, 1752, in-12, v. m

1213. Histoire abrégée de la littérature romaine. *Paris*, 1815, 4 vol. in-8, dem.-rel. v. fau.

1214. Tableau de Lisbonne en 1796, etc. *Paris*, 1797, in-8, bas.

1215. Thomas. Eloge de Marc-Aurèle. 1775. *Portrait.* — Essai sur le caractère et l'esprit des femmes. 1772, *fig. de Cochin.* — Eloge de Louis, Dauphin de France. — Poésies diverses. 1767. En 1 vol. in-12, dem.-rel. v. bl.

1216. Toderini (L'abbé). De la Littérature des Turcs, trad. de l'italien par l'abbé de Cournand. *Paris*, 1789, 3 tom. en 1 vol. in-8, dem.-rel., *pl. de musique notée.*

1217. Trois siècles (Les) de la Littérature française (par l'abbé Sabatier de Castres). 1774, 4 vol. in-12, v. jas. — Observations sur les Trois Siècles, etc., à M. S. 1774, in-12, dem.-rel. Ens. 5 vol.

1218. Universalité (De l') de la langue française, discours qui a remporté le prix à l'Académie de Berlin en 1784. *Berlin*, 1785, in-12, v. rac., dent.

1219. Voltaire jugé par les faits, par M... *Paris*, 1817, br. in-8.

Orné d'une curieuse figure satyrique, coloriée.

1220. Voltaire (Histoire de la vie et des ouvrages de), par Paillet de Warcy. *Paris*, 1824, 2 vol. in-8, dem.-rel., *portr. et facsim.*

1221. Voltaire. Anti-Machiavel, ou Essai de critique sur le prince de Machiavel. *La Haye, P. Paupie*, 1740, in-8, v. gr.

1222. Voltaire (Mon séjour auprès de), et lettres inédites par A. Collini. *Paris*, 1807, in-8, dem.-rel.

1223. Voltaire (Mémoires sur) et sur ses ouvrages, par Longchamp et Wagnière, ses secrétaires. *Paris*, 1826, 2 vol. in-8, dem.-rel.

1224. Walckenaer. Histoire de la vie et des poésies d'Horace. *Paris, Michaud*, 1840, 2 vol. in-8, dem.-rel. v. (*Portr. et carte.*)

IX. PROVERBES, BONS MOTS, ANA, Etc.

1225. Acanthologie, ou Dictionnaire épigrammatique. *Paris,* 1817, in-12, dem.-rel. v. ant.

1226. Ana, ou Collection de bons mots, contes, pensées, traits d'histoire et anecdotes des hommes célèbres, suivis d'un choix de propos joyeux, contes à rire, etc. (publié par Ch. G. T. Garnier.) *Amsterdam* et *Paris*, 1789, 8 vol. in-8, v. rac.

1227. Bois de Gomicourt (Du). Sentenze e Proverbii Italiani cavati de diversi famosi autori antichi e moderni postati in Francese. *In Lione, G. Thioly*, 1683, pet. in-8, v. br.

1228. Boleana, ou Bons Mots de M. Boileau, avec les Poésies de Sanlecque, etc., publié par Delolme de Montesnay. *Amsterdam*, 1742, in-12, v. m.

1229. Dictionnaire des Proverbes françois et des façons de parler comiques, burlesques et familières, etc. (par Panckoucke). *Paris*, 1749, in-12, v. m.

1230. Histoire des Proverbes, rédigée par le traducteur de la Galerie anglaise. *Paris*, 1803, in-12, dem.-rel.

1231. Leroux (Ph.-J.). Dictionnaire comique, satyrique, critique, burlesque, libre et proverbial. *Amsterdam, Chastelain*, 1750, in-8, v. m.

1232. Méry. Histoire générale des proverbes, adages, sentences, apophthegmes, dérivés des mœurs, des usages, etc., des peuples anciens et modernes. *Paris*, 1828, 3 v. in-8, dem.-rel.

1233. Omniana, ou Extrait des Archives de la Société universelle des Gobe-Mouches, par Moucheron (Fortia de Piles et Guys de Saint-Charles). *Paris*, 1808, in-12, dem.-rel. mar. vert. (*Figures.*)

1234. Orientaliana, ou les Bons Mots des Orientaux, traductions nouvelles de leurs ouvrages, en arabe, en persan et en turc, avec des remarques. *Paris*, 1702, in-12, v. br.

1235. Polissonniana, ou Recueil de turlupinades, quolibets, rébus, jeux de mots, allusions, allégories, pointes, expressions extraordinaires, hyperboles, gasconnades, espèces de bons mots et autres plaisanteries (par l'abbé Cl. Cherier). *Amsterdam*, 1722, in-12, v.

1236. Proverbes et Dictons populaires, avec les dits du Mercier et des marchands, et les crieries de Paris aux xiiie et xive siè-siècles. *Paris, Crapelet*, 1831, gr. in-8, br.

1237. Quitard. Etudes historiques, littéraires et morales, sur les proverbes français et le langage proverbial. *Paris*, 1860, in-8, dem.-rel. v. r.

1238. Récolte (La) de l'Hermite, ou Choix de morceaux d'his-toire peu connus, anecdotes, contes, bons mots, etc., *rassemblés par un solitaire qui vit plus avec les livres qu'avec les hommes*. (Lemazurier.) *Paris*, 1813, in-8, dem.-rel.

1239. Refranes o Proverbios castellanos, traduzidos en lengua francesa ; proverbes espagnols, traduits en françois par César Oudin. *Paris*, 1659, in-12, vél.

1240. Refranes o Proverbios españoles, traduzidos en lengua francesa; proverbes espagnols, traduits en françois par César Oudin. *Paris*, 1805, in-12, vél.

X. POLYGRAPHES.

1241. Boullanger. OEuvres complètes. *Amsterdam*, 1794, 6 vol. in-8, bas. rac., dent.

1242. Cazotte (Jacques). OEuvres badines et morales, histori-ques et philosophiques. *Paris, Bastien*, 1817, 4 vol. in-8, v. rac., fil. (*Figures*.)

1243. Chamfort. OEuvres complètes. *Paris*, 1812, 2 vol. in-8, dem.-rel., n. rog.

1244. Chenier (M.-J. de). OEuvres diverses et inédites. *Bruxelles*, 1816, in-8, dem.-rel. (*Portrait*.)

1245. Cyrano de Bergerac (Les œuvres diverses de). *Amsterdam, Desbordes*, 1761, 3 vol. in-12, v. m. (*Portrait, figures*.)

1246. Fontenelle. OEuvres complètes. *Paris*, 1758, 10 vol. — Mémoires pour servir à l'histoire de la vie et des ouvrages de Fontenelle, par l'abbé Trublet, 1761. Ens. 11 vol. in-12, v. m. (*Portrait, figures de Gravelot*.)

1247. Fréron (Opuscules de M.). *Amsterdam*, 1753, 3 vol. in-12, v. m., fil. (*Dos armorié*.)

1248. Glatigny (De), avocat général à la Cour des Monnoies de Lyon. OEuvres posthumes, contenant ses harangues. etc. *Lyon*, 1757, in 8, v. m.

1249. Grafigny (Mme de). OEuvres complètes. *Paris, Briand*, 1821, in-8, dem.-rel. (*Portrait et neuf figures*.)

1250. Grécourt. OEuvres diverses. *Luxembourg*, 1761, 4 vol. in-12, bas. éc. (*Portrait, figures*.)

Edition complète, donnée par le fameux chevalier Dion.

1251. Imbert. OEuvres. *Paris*, 1772-1783, 10 vol. in-8, v. m. (*Figures* d'Eisen et autres.)

> Ces 10 volumes comprennent : Les fables, les historiettes en vers, les nouvelles historiettes, les rêveries philosophiques, les égarements de l'amour, lectures du matin et du soir, et les lectures variées.

1252. La Fontaine. OEuvres complètes, précédées d'une notice, par Auger. *Paris, imp. de F. Didot*, 1826, in-8 jésus, v. fau., fil., dent. (*Lefèvre.*)

> Jolie édition en caractères microscopiques, avec figures sur bois dans le texte.

1253. Léonard. OEuvres, recueillies et publiées par V. Campenon. *Paris, imp. de Didot le jeune*, 1797, 3 vol. in-8, bas. jas.

1254. Machiavel. OEuvres complètes, traduction nouvelle par Guiraudet. *Paris, an VII*, 9 v. in-8, dem.-rel.

1255. Mancini-Nivernois (OEuvres de M. de). *Paris*, 1796. — OEuvres posthumes, 1807. Ens. 8 vol. in-8, dem.-rel.

1256. Marmontel. OEuvres posthumes : La Neuvaine de Cythère et Polymnie. *Paris*, 1820, in-8, dem.-rel. (*Figures.*)

1257. Maupertuis. OEuvres. *Lyon*, 1756, 4 vol. in-8, v. m. (*Portrait.*)

1258. Moncrif (OEuvres de M. de), lecteur de La Reine. *Paris*, 1768, 4 vol. in-12, v. m. (*Rel. non unif., figures.*)

1259. Montesquieu. OEuvres. *Londres, Nourse*, 1772, v. rac., fil., dent. — OEuvres posthumes, 1798. Ens, 4 vol. in-8, v. rac. (*Portrait.*)

1260. Montesquieu. OEuvres. *Amsterdam*, 1785, 4 vol. in-12, v. m.

1261. OEuvres du Philosophe de Sans-Souci (Frédéric II, roi de Prusse). *Potzdam*, 1760, in-12, v. m.

1262. Panard. Théâtre et OEuvres diverses. *Paris*, 1763, 4 vol. in-12, v. m. (*Portrait.*)

1263. Pascal (Bl.). OEuvres, nouvelle édition. *Paris*, 1819, 5 vol. in-8, dem.-rel. (*Portrait.*)

1264. Plutarque. OEuvres traduites du grec et accompagnées de notes par D. Ricard.—Hommes illustres.—*Paris, Brière*, 1827, in-8, v. f., fil.

1265. Rabelais. OEuvres. *Paris, L. Janet*, 1823, 3 vol. in-8, dem.-rel. mar. rou.

1266. — OEuvres, publiées sous le titre de faits et dits du géant Gargantua et de son fils Pantagruel, etc. Nouvelle édition augmentée de quelques remarques nouvelles (par Gueulette et Jamet l'aîné). *Paris, imp. chez Pierre Prault*, 1732, 6 tom. en 5 vol. — Les Lettres de Franç. Rabelais, escrites pendant son voyage d'Italie, nouvellement mises en lumière, avec des observations historiques, par MM. de Sainte-Marthe. *Brusselles, Foppens*, 1710, 1 vol. Ens. 6 vol. in-12, v. éc., dent. *Front. gravé et portrait.*

1267. Rabelais. OEuvres, augmentées de la Vie de l'auteur... et la clef nouvellement augmentée. *S. l.*, 1631, 2 vol. in-18, v. m.

1268. Remond de Saint-Mard. OEuvres. *Amst., P. Mortier*, 1749, 5 vol. pet. in-12, v. jasp. *Front. gravé, figures.*

1269. Rousseau (J.-B.). OEuvres, nouvelle édition avec un commentaire historique et littéraire, précédé d'un nouvel essai sur la vie et les écrits de l'auteur. *Paris, Lefévre*, 1820, 5 vol. in-8, v. rac., fil. (*Portrait.*)

1270. Rousseau (J.-J.). OEuvres inédites, suivies d'un supplément à l'histoire de sa vie et de ses ouvrages. *Paris, Peytieux*, 1825, 2 vol. in-8, br.

Exemplaire en grand papier vélin.

1271. Rousseau (J.-B.). OEuvres choisies. *Paris, Renouard*, 1815, in-8, dem.-rel. (*Portrait.*)

1272. Rousseau (J.-J.). OEuvres complètes. *Paris*, 1793, 37 vol. in-12, v. rac., fil., tr. dor. (*Portrait.*)

On a ajouté : Notice sur les Charmettes et sur les environs de Chambéry. *Chambéry*, 1824, br. in-8, et : Supplément indispensable aux éditions des OEuvres de J.-J. Rousseau, particularités inédites par G. S. Quesné. *Paris*, 1843, br. in-8.

1273. Rousseau (J.-B.). OEuvres. *Londres*, 1753, 4 vol. pet. in-12, bas.

1274. Saint-Gilles. OEuvres posthumes. *La Muse Mousquetaire. Paris*, 1709, in-12, v. br.

1275. Saint-Lambert. OEuvres. *Paris, de l'imprimerie de F. Didot l'ainé, an III*, 2 tom. en un vol. in-12, dem.-rel. v. ant., dos à nerfs.

1276. Scarron. OEuvres, nouvelle édition augmentée de quantité de pièces omises dans les éditions précédentes. *Amsterdam, Wetstein*, 1737, 10 vol. pet. in-12, v. f., fil. (*Figures.*)

1277. Senecæ (L. Annæi) Opera omnia et M. Annæi Senecæ quæ extant. *Lugd.-Batav., apud Elzevirios*, 1649, 3 vol. pet. in-12, mar. rouge, fil., tr. dor. (*Anc. rel.*)

1278. Thomas. OEuvres posthumes. *Paris*, 1802, 2 tom. en un vol. in-12, dem.-rel.

1279. Vauvenargues. OEuvres complètes. *Paris, Brière*, 1821, 3 vol. in-8, pap. de Holl., v. rac.

Belle édition de ses OEuvres, précédées d'une notice sur sa vie et ses ouvrages, et accompagnées des notes de Voltaire, Morellet et Suard.

1280. Vauvenargues. OEuvres. *Paris, Couret de Villeneuve, an V* (1797), 2 vol. en 1 pet. in-12, dem.-rel.

> Ces deux volumes contiennent l'introduction à la connaissance de l'esprit humain et autres essais philosophiques, critiques et moraux.

1281. Voltaire. OEuvres complètes. *S. l., de l'imprimerie de la Société Littéraire-Typographique,* 1785, 92 vol. in-12, dem.-rel. v. f. (*Portrait.*)

> Édition correcte, très-complète et fort estimée. On y a ajouté : Supplément au recueil des lettres de M. de Voltaire. *Paris,* 1808, 2 vol. in-12, br.; et : Table générale alphabétique des OEuvres de M. de Voltaire. 1 vol. in-12, bas. marb.

1282. Voltaire (Pensées, remarques et observations de). Ouvrage posthume. *Paris,* 1802. — Analyse et Critique des ouvrages de M. de Voltaire. *Kell,* 1789. — Lettres secrètes de M. de Voltaire. 1765. — Testament politique de M. de V. 1770. En un vol in-8, dem.-rel.

XI. MÉLANGES ET RECUEILS DIVERS.

1283. Albon (Le comte d'). Discours politiques, historiques et critiques sur quelques gouvernements de l'Europe. *Londres,* 1784, 3 vol. in-8, v. jas.

1284. Bachaumont. Mémoires secrets pour servir à la république des lettres en France depuis 1762. *Londres,* 1780, 36 vol. in-12, bas.

1285. Charles-Jean, roi de Suède. Recueil de lettres, proclamations et discours. *Stockholm,* 1825, in-8, dem.-rel.

1286. Couret de Villeneuve. Mes Matinées, ou opuscules en vers et en prose. *Paris,* 1790, in-18, dem.-rel.

1287. Mélanges de littérature allemande, ou Choix de traductions de l'allemand (par Cabanis). *Paris,* 1797, gr. in-8, bas. rac.

1288. Mélanges de littérature, d'histoire et de philosophie, par d'Alembert. 1759, 5 vol. — Essai sur divers sujets de littérature et de morale par l'abbé Trublet. *Paris,* 1749, 2 vol. Ens. 5 vol. in-12, v. m. et v. br.

1289. Mélanges de poésie et de littérature. 1 vol. in-12, rel. en bas. verte, doublé de tabis vert.

> Manuscrit du dernier siècle, d'une assez belle écriture. Ce volume contient principalement des poèmes érotiques.

1290. Opuscules philosophiques et littéraires, la plupart posthumes ou inédits (par Suard et Bourlet de Vauxcelles). *Paris,* 1796, in-12, dem.-rel.

1291. Poésies et Romans, 24 vol. Arnault, Virgile, And. Chénier, Klopstock, Wieland, Vanières, Delille, Piron.

1292. Poésies et Romans divers, 35 vol. in-12, rel. et br. La Motte-Houdart, Chénier, Bernard, Bernis, Le Brun, Colardeau, Boufflers, Chaulieu, Delille, etc.

1293. Recueil amusant de voyages, en vers et en prose, faits par différents auteurs. *Paris*, 1787, 9 vol. in-18, v. rac.

1294. Recueil de pièces : Jugement de l'Acad. roy. des sciences de Prusse sur une lettre prétendue de M. de Leibnitz. *Berlin*, 1752. — Lettres concernant le jugement de l'Acad. roy. de Prusse et apologie de Maupertuis. *Paris*, 1753. — Lettres d'un académicien de Berlin à un académicien de Paris. *Paris*, 1753. — OEuvres mêlées d'un auteur célèbre qui s'est retiré de France. *Berlin*, 1753. — Lettres au public par S. M. le roi de Prusse. *Berlin*, 1753.

> Recueil de pièces assez rares et notamment la longue lettre latine de Léonard Euler, faisant partie du second opuscule, et qui n'est pas comprise dans le catalogue de ses ouvrages.

1295. Recueil in-12, v. m. Amusements à la Grecque, ou les Soirées de la Halle, par un ami de Vadé. 1764. — Cléon, ou le Petit-Maître, esprit fort. 1757. — Très humbles Remontrances d'un fat. 1758. — L'Apothéose de Grégoire. 1758. — L'Art de péter, etc. *En Westphalie, chez Florent Q.*, 1751, avec le front. gravé.

1296. Recueil in-8, dem.-rel. Achille à Scyros, par Luce de Lancival. Eloge de M. de Noé, évêque de Lescars, par le même. 1805. — Notice sur la description d'un pavé en mosaïque, par Legrand. — Notice sur le Voyage de l'Istrie, du même. 1803. — Analyse du voyage en Egypte, par Vivant Denon. 1802. — Mon Agonie de 38 heures, 20e édition.

1297. Recueil in-18, dem.-rel. bas. La Princesse Laponaise. 1738. — Le Repentir des Amans. *Londres*, 1765. — Histoire du Prétendant. 1766. — Voyage de Saint-Cloud par mer et par terre. 1760.

1298. Recueil ms. in-4, v. m. Les Philippiques, odes par Lagrange-Chancel, 36 pages. — Almanach du Diable pour l'année 1737, et à la suite : Pièces diverses, Poésies, Contes, Epigrammes, etc. — Le Débauché converti et autres pièces du même genre, etc. En tout 374 pages in-4, v. m.

> Recueil manuscrit, belle écriture du xviiie siècle.

1299. Recueil in-8, dem.-rel. bas. Apologie du Roman d'Adèle et Théodore (de Mme de Genlis). *S. d.* — Lettre du vieillard de Ferney. — Eloge de Voltaire par S. M. le roi de Prusse, éd. par Palissot. — Discours sur Suger et son siècle (par Laussat). 1779. — Rousseau juge de J.-Jacques. 1777.

1300. Stael-Holstein (Mme de). Réflexions sur le suicide, suivies de la défense de la Reine, publiées en août 1793, et des lettres sur J.-J. Rousseau. *Paris*, 1814, in-8, dem.-rel.

1301. Steele, Addisson et autres. Le Spectateur, ou le Socrate moderne, où l'on voit un portrait naïf des mœurs de ce siècle. *Paris*, 1755, 3 vol. in-4, v. m., fil.

1302. Vidocq. Les Voleurs, physiologie de leurs mœurs et de leur langage, etc. *Paris*, 1837, 2 tom. in-8, dem.-rel. en 1 vol.

HISTOIRE.

I. GÉOGRAPHIE.

1303. Abrégé de Géographie universelle, d'après les plus illustres autheurs. *S. l.*, 1776, in-4, v. m.

> Manuscrit non signé. Environ 200 pages d'une bonne écriture.

1304. Apian (Pierre). Cosmographie, ou Description des quatre parties du monde, contenant la situation, division et estendue de chascune région et province; corrigée et augmentée par Gemma Frison. Nouvellement traduite en langue française. *Anvers, chez Bellere*, 1581, in-4, parch. (*Curieuses figures sur bois et sphères mobiles.*)

1305. Bertuch (F.-J.). Moglichft vollftändige Sammlung aller bekannten geographischen ortsbestimmungen. *Weimar*, 1808, in-8, dem.-rel.

> Recueil de positions géographiques, extrait de divers ouvrages et relatif à toutes les provinces de l'Europe. — Livre rare en France.

1306. Carte d'Allemagne, en neuf feuilles, par Chauchard. *Paris*, 1801, en 2 étuis in-8.

1307. Carte de Belgique, par Capitaine, 1795. Une feuille sur toile, en un étui.

1308. Carte d'Italie et pays adjacents en 4 feuilles, par Arrowsmith 1804, en 1 étui. in-8.

1309. Dictionnaire interprète-manuel des noms latins de la géographie ancienne et moderne. *Paris*, 1777, in-8, v. m.

1310. Dictionnaire géographique universel, contenant la description de tous les lieux du globe intéressants sous le rapport de la géographie physique et politique, de l'histoire, de la statistique, du commerce, de l'industrie, etc., par une Société de Géographes. *Paris*, 1823, 10 vol. in-8, dem.-rel. v. brun.

1311. Liebknecht (J.-G.). Elementa Geographiæ generalis triplici sectione exposita : 1° Præliminaris; 2° Doctrinalis; 3° Artificialis. *Francofurti*, 1712, in-12, *fig.*, rel. v.

1312. Malte-Brun. Précis de la Géographie universelle. *Paris*, 1810, 8 vol. in-8, dem.-rel. v. ant.

1313. Pomponius Mela, traduit en français sur l'édition de Gronovius, le texte en regard, par Fradin. *Paris*, 1827, 3 vol. in-8, dem.-rel.

1314. Ptolémée. Traité de Géographie, traduit pour la première fois du grec en français par l'abbé Halma (avec le texte en regard). *Paris*, 1828, in-4, br.

1315. Ptolemæi (Cl.) Geographia (opera et studio Seb. Munster). *Basilæ*, 1552, in-fol., dem.-rel. (*Curieuses figures sur bois.*)

1316. Riccioli (Jo.-Bapt.). Geographiæ et Hydrographiæ reformatæ libri XII. *Bononiæ*, 1661, in-fol., vél. (*Bel exemplaire avec la planche des armes de la famille Simiane.*)

    Première édition, la plus estimée d'un livre devenu peu commun.

1317. Varenius. Géographie générale composée en latin, revue par Isaac Newton et traduite de l'anglais en français. *Paris*, 1755, 4 vol. in-12, dem.-rel. (*Planches.*)

II. VOYAGES.

1318. Boscovitch. Voyage astronomique et géographique dans l'État de l'Eglise, par les PP. Maire et Boscovitch. *Paris*, 1770, in-4, *fig.*, rel. v.

1319. Boucher de la Richarderie. Bibliothèque universelle des voyages, ou Notice complète et universelle de tous les voyages publiés tant en langue française qu'étrangère, etc. *Paris*, 1805, 6 vol. in-8, dem.-rel.

    Le vrai titre de cet ouvrage devrait être : *Bibliographie spéciale des voyages anciens et modernes.*

1320. Bourgoing (J.-Fr.). Tableau de l'Espagne moderne. *Paris, an V*, 1797, 3 vol. in-8, v. rac.

    Orné de cartes, plans et figures en taille-douce.

1321. Carver (Jonathan). Voyage dans les parties intérieures de l'Amérique septentrionale, pendant les années 1766, 1767 et 1768, traduit de l'anglais. *Paris, Pissot*, 1794, in-8, pap. vél., v. marb. (*Carte.*)

1322. Chatelet (Le duc du). Voyage en Portugal, publié par J.-F. Bourgoing. *Paris*, 1801, 2 tom. en 1 vol. in-8, v. rac. (*Figures.*)

1323. Forbin (Le comte de). Souvenirs de la Sicile. *Paris, Imprimerie royale,* 1823, in-8, *fig.*, dem.-rel. maroq. noir.

1324. — Voyage dans le Levant en 1817 et 1818. *Paris, Imprimerie royale,* 1819, in-8, pap. vél., v. marb.

1325. Garde (Le comte de la). Brighton, Scènes détachées d'un voyage en Angleterre. *Paris, Aillaud,* 1834, in-8, v. rou.

> Orné de figures lithographiées. Exemplaire avec envoi autographe de l'auteur.

1326. Grelot. Relation nouvelle d'un Voyage de Constantinople, enrichie de plans levés par l'auteur sur les lieux et des figures de tout ce qu'il y a de plus remarquable dans cette ville. *Paris,* 1689, in-4, v. fau., fil dent., tr. dor., *fig.* (*Très-bel exemplaire.*)

1327. Hennepin (Le P. Louis). Nouvelle découverte d'un très-grand pays, situé dans l'Amérique, entre le Nouveau-Mexique et la mer Glaciale. *Amsterdam, Someren,* 1698, in-12, v. f. (*Aux armes d'un archevêque.*)

> Ouvrage orné d'une carte et de figures sur cuivre. Rare et très-recherché.

1328. — Nouveau Voyage d'un païs plus grand que l'Europe, avec les réflections des entreprises du sieur de La Salle. *Utrecht, Schouten,* 1698, in-12, v. f. (*Aux armes d'un archevêque.*)

> Edition ornée de cartes et figures sur cuivre. Rare.

1329. La Condamine (De). Journal du Voyage fait par ordre du Roi à l'Équateur. *Paris, Imprimerie royale,* 1751, in-4, v. m.

1330. Lahontan (Le baron de). Nouveaux Voyages dans l'Amérique septentrionale. *La Haye,* 1703, 2 vol. in-12, v. br. (*Cartes et figures.*)

> A la suite se trouve un petit dictionnaire de la langue des sauvages.

1331. La Lande. Voyage d'un François en Italie, fait dans les années 1765-66. *Venise et Paris,* 1769, 8 vol. in-12, v. m. et atlas in-4.

1332. Legrand d'Aussy. Voyage d'Auvergne. *Paris,* 1788, in-8, dem.-rel. (*Figures.*)

1333. Lettres sur le Bosphore, ou Relation d'un voyage en différentes parties de l'Orient, pendant les années 1816 à 1819. *Paris,* 1821, in-8, dem.-rel.

1334. Macartney (Relation de l'Ambassade de Lord) à la Chine. *Paris, an IV,* 2 vol. in-8, dem.-rel.

1335. Mattheus (J.). Voyage à la rivière de Sierra Leone, sur la côte d'Afrique. *Paris, an VI,* in-18, dem.-rel., *fig.*

1336. Mayer (De). Voyage en Suisse en 1784, ou Tableau historique, civil, politique et physique de la Suisse. *Amsterdam, Paris, Leroy*, 1786, 2 vol. in-8, dem.-rel. v. jas.

1337. Mémoires du capitaine Landolphe, contenant l'histoire de ses voyages pendant 36 ans, aux côtes d'Afrique et aux deux Amériques, rédigés sur son manuscrit par J.-S. Quesné. *Paris, Bertrand*, 1823, 2 vol. in-8, dem.-rel. bas. roug.

1338. Nouvelle Relation de l'intérieur du serrail du grand seigneur, contenant plusieurs singularitez, par J.-B. Tavernier, écuyer, baron d'Aubonne. *Amsterdam*, 1678, in-12, vél.

1339. Petrarca (Viaggi di Francesco) in Francia, in Germania ed in Italia, descritti dal prof. A. Levati. *Milano*, 1820, 5 vol. in-8, br.

1340. Poivre. Voyages d'un philosophe (en Afrique, en Asie et en Amérique). *Paris, an II*, in-12, dem.-rel.

1341. Premier voyage autour du monde, par le chevalier Pigaletta, sur l'escadre de Magellan, pendant les années 1519, 20, 21 et 22, suivi de l'Extrait du Traité de navigation du même auteur, et d'une notice sur le chevalier Martin Behain. *Paris, an IX* (1801), in-8, dem.-rel. v. (*Carte et fig. en taille-douce.*)

1342. Rochefoucauld-Liancourt (De la). Voyage dans les Etats-Unis d'Amérique, fait en 1795, 1796 et 1797. *Paris, an VII de la République*, 8 vol. in-8, dem.-rel. v. (*Carte.*)

1343. Sparman (André). Voyage au cap de Bonne-Espérance et autour du monde, avec le capitaine Cook, et principalement dans les pays des Hottentots et des Cafres, trad. par Letourneur. *Paris, Buisson*, 1787, 3 vol. in-8, v. marb.

Orné de cartes et figures en taille-douce.

1344. Vaillant (Le). Voyage dans l'intérieur de l'Afrique, par le cap de Bonne-Espérance. *Paris, Leroy*, 1790, 2 vol. in-8, v. br.

Orné de figures en taille-douce, dont plusieurs coloriées.

1345. Vincent (William). Voyage de Néarque des bouches de l'Indus jusqu'à l'Euphrate, ou Journal de l'expédition de la flotte d'Alexandre, trad. de l'anglais par Billecocq. *Paris, an VIII*, 3 vol. in-8, dem.-rel. (*Cartes et fig.*)

On y a joint une lettre autographe du traducteur.

1346. Voyage à Constantinople, en Italie, par l'Allemagne et la Hongrie. *Paris, an V*, in-8, dem.-rel.

1347. Voyage dans la Haute-Pensylvanie et dans l'Etat de New-York, par un membre adoptif de la nation Oneïda. *Paris*, 1801, 3 vol. in-8, dem.-rel. *Portr. et fig.*

1348. Voyage de Mons Olof Torée, aumonier de la Compagnie Suédoise des Indes-Orientales, fait à Surate, à la Chine, etc., 1750-1752, trad. du suédois par **D.** de Blackfort. *Milan*, 1771, in-12, dem.-rel.

1349. Voyage d'Espagne, fait en l'année 1755, avec des notes et une table raisonnée des tableaux et autres peintures de Madrid, de l'Escurial, etc., traduit de l'italien par le P. de Livoy, barnabite. *Paris*, 1772, in-12, 2 part. en 1 vol., v. rac.

1350. Wheler (George). Voyage de Dalmatie, de Grèce et du Levant, trad. de l'anglais. *La Haye*, 1723, 2 vol. in-12, bas. (*Cart. et fig.*)

III. HISTOIRE DES RELIGIONS.

1351. Beugnot (Le comte). Histoire de la destruction du Paganisme en Occident. *Paris*, 1835, 2 vol. in-8, dem.-rel. v. v.

1352. Brosses (De). Du Culte des dieux fétiches, ou Parallèle de l'ancienne religion de l'Égypte avec la religion actuelle de la Nigritie. *S. l.*, 1760, in-12, dem.-rel.

1353. Castilhon. Essai sur les erreurs et les superstitions anciennes et modernes. *Francfort*, 1766, 2 vol. in-8, bas.

1354. Dulaure. Des Cultes qui ont précédé et amené l'idolâtrie ou l'adoration des figures humaines. *Paris*, 1805, in-8, dem.-rel.

1355. Dupuis. Origine de tous les cultes, ou Religion universelle. *Paris, Agasse, an III*, 3 vol. in-4, *cart. et atlas*. Ens. 4 vol.

Edition originale.

1356. Essai sur la Religion des anciens Grecs. *Genève*, 1787, 2 tom. en 1 vol. in-8, v. marb.

1357. Fleury. Discours sur l'histoire ecclésiastique. *Paris*, 1733, in-12, v. br. (*Edition originale.*)

1358. Gondrette (L'abbé). Histoire générale de la naissance et des progrès de la Compagnie de Jésus, et analyse de ses constitutions et priviléges. *Amsterdam*, 1761, 6 vol. in-12, dem.-rel., n. rog.

1359. Modène (L.). Cérémonies et Coutumes qui s'observent aujourd'hui parmi les Juifs, trad. de l'italien de L. Modène. *Paris, Billaine*, 1674, in-12, v. br.

1360. Noël. Dictionnaire de la Fable. *Paris*, 1810, 2 vol. in-8, v. rac. (*Front. gravé.*)

1361. Pluquet. Mémoires pour servir à l'histoire des égarements de l'esprit humain, ou Dictionnaire des hérésies, des erreurs et schismes. *Sedan*, 1788, 2 vol. in-8, dem.-rel.

1362. Sainte-Croix (Le baron de). Recherches historiques et critiques sur les mystères du Paganisme, 2ᵉ édit., revue par le baron Silvestre de Sacy. *Paris*, 1817, 2 vol. in-8, dem.-rel. v. ant.

1363. — Mémoires pour servir à l'histoire de la religion secrète des anciens peuples, ou Recherches historiques et critiques sur les mystères du Paganisme. *Paris*, 1784, in-8, v. marb.

1364. Traité des cérémonies superstitieuses des Juifs, tant anciens que modernes, par Spinosa. *Amsterdam*, 1678, in-12, v., tr. dor.

IV. HISTOIRE ANCIENNE.

1365. Ammien-Marcellin, ou les XVIII livres de son histoire qui nous sont restés, trad. en français. *Berlin*, 1775, 3 vol. in-12, v. m., fil., tr. dor.

1366. Fasciculus temporum (auct. Werner Rolewinck Carthusiansi....). Chronica die hict Fasciculus temporum, etc. (*A la fin :*) Hier eyndet, etc. by Volmael Jan Veldenar..... *Utrecht*, M.CCCCLXXX, in-fol., *fig. sur bois.* (*Anc. rel. du temps, cuir gauffré, le dern. ff. racc.*)

> Traduction hollandaise. Edition de toute rareté. Vendu 21 *florins* Meermann.

1367. Guerres (Les) des Hollandais contre les Romains, décrites par Corn. Tacite aux livres IV et V de son histoire, représentées en figures inventées par Otto Vænius, peintre hollandais, et gravées sur ses dessins à l'eau-forte par Ant. Tempesta, peintre florentin. *Anvers*, 1612, pet. in-fol. obl., vél. (*Texte holl. et lat.*) 36 *pl. grav. sur cuivre.*

1368. Histoire d'Hérodote, suivie de la vie d'Homère, nouvelle traduction, par Miot. *Paris, Didot*, 1822, 3 vol. in-8, v. marb., fil.

1369. Josèphe (Flavius). Histoire des Juifs, trad. par M. Arnauld d'Andilly (avec la suite depuis Jésus-Christ). *Paris*, 1706-10, 12 vol. in-12, v. gr.

1370. Julien (Œuvres complètes de l'empereur), trad. pour la première fois du grec en français, avec notes, etc., par R. Tourlet. *Paris*, 1821, 3 vol. in-8, dem.-rel.

1371. Newton. La Chronologie des anciens royaumes corrigée. *Paris*, 1728, in-4, dem.-rel.

1372. Saint-Martin. Nouvelles Recherches sur l'époque de la mort d'Alexandre, ou Examen critique de l'ouvrage de M. Champollion-Figeac, intitulé : Annales des Lagides. *Paris, Imp. roy.*, 1820, gr. in-8, dem.-rel. mar. vert.

1373. Suetonius Tranquillus et in eum comment., exhibente J. Schildio. *Lugd.-Batav.*, 1656, in-8, v. br. (*Front. gravé.*)

1374. Suétone. Histoire des Empereurs Romains, avec leurs portraits en taille-douce, trad. en français par D. B. (Baudouin). *Paris*, 1699, in-12, v. br. (*Portraits.*)

1375. — Histoire des Douze Césars, traduite par H. Ophellot de la Pause. *Paris*, 1771, 4 vol. in-8, v. m., fil.

1376. Taciti (C. Corn.) de Moribus Germanorum libellus, Julii Agricolæ vita. *Parisiis, A.-A. Renouard*, 1795, in-18, v. f., fil., dent.

1377. — Annalium ab excessu Augusti sicut ipse vocat, sive Historiæ Augustæ, etc. *Basilœ, in officina Frobeniana,* 1533.

> Curieuse reliure en bois recouverte de cuir gauffré portant sur les plats des armoiries, le monograme W. Le titre et la date de 1535, qui est celle de la reliure.

1378. Thucydide. L'Histoire de la guerre du Péloponèse. *Paris*, 1714, 3 vol. in-12, v. br.

1379. Xénophon. De l'Expédition de Cyrus, ou la Retraite des Dix Mille, trad. par M. de la Luzerne. *Paris*, 1777, in-8, dem.-rel. v. (*Cartes.*)

> Exemplaire portant la signature de M. Barbié du Bocage, savant géographe, membre de l'Institut.

V. HISTOIRE MODERNE.

A. HISTOIRE GÉNÉRALE ET PARTICULIÈRE DE LA FRANCE.

1380. Arnauld d'Andilly (Rob.). Mémoires écrits par lui-même. *Hambourg, Vanden-Hœch*, 1734, pet. in-8, v. mar. (*Aux armes d'un marquis.*)

1381. Campan (Mme). Mémoires sur la vie privée de Marie-Antoinette, reine de France et de Navarre, suivis de Souvenirs et Anecdotes historiques sur les règnes de Louis XIV, Louis XV et de Louis XVI. *Paris, Monge*, 1822, 3 vol. in-8, 'v. f., fil. (*Portrait.*)

> A la fin du 3e volume on trouve une lettre manuscrite suivie d'observations autographes de Mme Campan.

1382. Chabrit. De la Monarchie française ou de ses lois. *Bouillon*, 1783, 2 tom. en 1 vol. in-8, v. m.

1383. Convention nationale. Rapports de la Commission des finances et lois sur la dette publique, sur l'emprunt volontaire et sur l'emprunt forcé. *Paris, imprimerie Nationale*, 1793, in-8, dem.-rel.

1384. Fournier (E.). Les Lanternes, histoire de l'ancien éclairage de Paris, suivi de la réimpression de quelques poèmes rares. *Paris*, 1854, in-8, dem.-rel.

1385. Gibbon. Mémoires et Lettres recueillis et publiés par lord Sheffield, trad. de l'anglais. *Paris, an V*, 2 vol. in-8, dem.-rel.

1386. Hénault. (Le président). OEuvres inédites. *Paris*, 1806. —François II, roi de France, tragédie en V actes, par le même. 1748.—Mémoires du Président Hénault, publiés par le baron de Vigan. *Paris*, 1855, en 1 vol. in-8, dem.-rel.

1387. Histoire des Conditions et de l'état des personnes en France et dans les plus grandes parties de l'Europe (par Perreciot). *Paris*, 1790, 5 vol. in-12, dem.-rel. v.

1388. Joinville (Jean, sire de). Histoire de saint Louis, roi de France. *Edition dédiée à la noblesse française*, par Paul Gervais. *Paris*, 1822, in-8, dem.-rel. (*Portrait.*)

1389. Mémoires authentiques et intéressans, ou Histoire des comtes Struensée et Brandt. *Londres*, 1789, in-8, v. éc., fil. (*Portrait.*)

1390. Mémoires et Aventures de Monsieur de ***, trad. de l'italien par lui-même. *Paris, Prault*, 1735, 2 vol. pet. in-8, v. marb. (*Armes.*)

1391. Molina (Carolus). Commentarius ad edictum Henrici secundi contra paruas datas et abusas curiæ Romanæ, etc. *S. l.*, 1552, pet. in-8, vél.

1392. Nostradamus (Les Prophéties de M. Michel), revues et corrigées sur la copie imprimée à Lyon par Benoist Rigaud. 1568. *S. l.* 1605, pet. in-8, vél.

> Curieuse édition non citée par Brunet, à la suite de laquelle on trouve : 1° Les *Présages tirés de ceux faits par M. Nostradamus, ès années 1555 jusques en 1567*; 2° *Prédictions admirables*, etc., par Vincent Seve de Beaucaire, dès le 19 mars 1605.

1393. Particularités et Observations sur les ministres des finances de France les plus célèbres, depuis 1660 jusqu'en 1791 (par M. de Monthyon). *Paris*, 1812, in-8, dem.-rel.

1394. Perrault (Mémoires de Charles), contenant beaucoup de particularités et d'anecdotes intéressantes du ministère de Colbert. *Avignon*, 1759, in-12, bas. fil.

1395. Ravanne (Mémoires du chevalier de), page de son A. R. le duc régent, et mousquetaire. *Londres*, 1781, 4 vol. in-32, mar. v., fil., tr. dor. (*Edition Cazin.*)

1396. Rive (L'abbé). Lettre vraiment philosophique à Monseigneur l'évêque de Clermont sur les différentes motions qu'il a faites dans notre auguste Assemblée nationale, depuis la fin de septembre dernier jusqu'à présent. *Nomapolis (Aix), chez le compére Eleuthere,* 1790. — Eloge à l'allemande des Réflexions sur les Sermons nouveaux de M. Bossuet, par l'abbé Maury. *A Eleutheropolis, chez N. Alethophile, l'an des préjugés littéraires. (Avignon,* 1793.) Ens. 1 vol. in-8, dem.-rel. bas. verte.

> Pamphlets tirés à un très-petit nombre d'exemplaires.

1397. Satyre Menippée de la vertu du Catholicon d'Espagne et de la tenue des Etats de Paris, à laquelle est ajouté un discours sur l'interprétation du mot de Higuiero del Infierno, et qui en est l'auteur. *Ratisbonne, Kerner,* 1726, 3 vol. pet. in-8, v. gr.

> Orné de figures en taille-douce.

1398. Sidonius Apollinaris. Lettres sur l'Etat des Gaules et l'Histoire des Francs, depuis Clodion jusqu'à Clovis. (Publiées par l'abbé de Sauvigny.) *Paris,* 1787, 2 vol. in-8, bas.

B. HISTOIRE DE LA VILLE DE PARIS ET DES ENVIRONS.

1399. Benoiston de Châteauneuf. Recherches sur les consommations de tout genre de la ville de Paris en 1817, comparées à ce qu'elles étaient en 1789. *Paris,* 1821, in-8, dem.-rel.

> Statistique très-curieuse.

1400. Dulaure (J.-A.). Nouvelle Description des environs de Paris. *Paris, Lejay,* 1786, 2 part. en 1 vol. pet. in-12, v. marb.

1401. Essai d'une histoire de la paroisse de Saint-Jacques de la Boucherie, où l'on traite de l'origine de cette église, de ses antiquités, de Nicolas Flamel et Pernelle sa femme, etc. *Paris, Prault,* 1758, 2 vol. pet. in-8, v. marb.

> Ouvrage orné d'un portrait et de 4 plans gravés sur cuivre.

1402. Lebeuf (L'abbé). Mémoires concernant l'histoire ecclésiastique et civile d'Auxerre. *Paris, Durand,* 1743, 2 vol. in-4, v. br.

> Première édition, devenue peu commune.

1403. Lebeuf (L'abbé). Histoire de la prise d'Auxerre par les Huguenots et de la délivrance de la même ville en 1567 et 1568, avec un récit de ce qui a précédé et suivi ces deux événements, etc. *Auxerre*, 1723, 1 vol. in-8, rel. v. marb.

Bel exemplaire auquel se trouve une note manuscrite sur la marge d'un feuillet.

1404. Mercier (Le citoyen). Le Nouveau Paris. *Brunswick*, 1800, 6 tom. en 3 vol. in-12, dem.-rel. v. jasp.

1405. Mille. Abrégé chronologique de l'histoire ecclésiastique civile et littéraire de Bourgogne, depuis l'établissement des Bourguignons dans les Gaules jusqu'à l'année 1772. *Dijon*, *Causse*, 1771, 3 vol. in-8, pap. de Holl., 3 vol. in-8, dem.-rel. v. f.

1406. Paris. Jours auxquels l'on doit nettoyer et enlever les immondices des rues de la ville et faubourgs de Paris. *Paris*, *J. de La Caille, imprimeur de la police*, in-4, dem.-rel. avec 20 plans, un pour chaque quartier.

Volume rare et d'un grand intérêt. On lit sur la garde du volume la note suivante, qui est parfaitement exacte : « Ceci est le plan de Paris. La description de la ville et des faubourgs selon la division donnée par ordre de M. d'Argenson. Cet ouvrage paraît rare et peut offrir des renseignements curieux sur l'état de Paris à cette époque en le comparant à l'état actuel. Cet exemplaire paraît être celui qui a servi aux épreuves (par les notes manuscrites on voit qu'il n'en a été tiré que 200 exemplaires). Il s'y trouve des corrections à la main fort utiles pour déterminer l'emplacement d'hôtels et monuments qui n'existent plus. »

N. B. Les monuments, églises, hôtels, etc., sont représentés sur chacun des plans.

1407. Saint-Foix (Poullain de). Essais historiques sur Paris. *Paris, Duchesne*, 1766, 5 vol. in-12, v. marb. (*Portrait.*)

1408. Saint-Foix (Aug. Poullain de). Essais historiques sur Paris, pour faire suite aux Essais de M. P. de Saint-Foix. *Paris, Debray, an XIII* (1805), 2 vol. in-12, dem.-rel. bas. (*Portrait.*)

C. HISTOIRE DES PAYS ÉTRANGERS.

1409. Bertrand de Molleville (A.-F. de). Histoire d'Angleterre. *Paris*, 1815, 6 vol. in-8, v. fau., fil. (*Très-bel exempl.*)

1409. Charlevoix (le P. de). Histoire et description générale de la Nouvelle-France, avec le Journal historique d'un voyage fait par ordre du roi dans l'Amérique méridionale. *Paris*, 1744, 6 vol. in-12, v. m. (*Cartes et figures.*)

1411. Charlevoix (Le P.). Histoire du Paraguay. *Paris*, 1757, 6 vol. in-12, v. m.

1412. Chenier (De). Révolutions de l'Empire ottoman. *Paris,* 1789, in-8, dem.-rel.

1413. Custance (G.). Tableau de la Constitution du royaume d'Angleterre. *Paris,* 1817, in-8, dem.-rel.

1414. Histoire des Princes d'Orange de la maison de Nassau. *Amsterdam,* 1692, in-12, v. br.

1415. Mémoires secrets sur la Russie et particulièrement sur la fin du règne de Catherine II et le commencement de celui de Paul Ier (par Masson). *Amsterdam (Paris),* 1800-1802, 3 tom. en 2 vol. in-8, dem.-rel.

1416. Observations sur l'Italie et sur les Italiens. *Londres,* 1770, 3 vol. in-12, v. m.

> Cet ouvrage est du savant Grosley, de Troyes.

1417. Rulhière. Histoire ou Anecdotes sur la révolution de Russie, en l'année 1762. *Paris,* 1797. — Les Jeux de main, poème par le même. *Paris,* 1808, in-8, dem.-rel. mar. rou.

VI. PARALIPOMÈNES HISTORIQUES.

A. CHEVALERIE. — NOBLESSE.

1418. Chenaye des Bois (La). Dictionnaire généalogique, héraldique, chronologique et historique. *Paris, Duchesne,* 1757, 6 vol. pet. in-8, v. marb.

1419. Courcelles (De). Dictionnaire universel de la noblesse de France. *Paris,* 1820, 5 vol. in-8, dem.-rel. v. bleu.

1420. Denys (Mlle). Armorial de la Chambre des Comptes, depuis 1506. *Paris, Cellot,* 1780, 2 vol. in-4, v. marb. *(Blasons.)*

1421. Dictionnaire des anoblissements, ou Recueil des lettres de noblesse. *Paris,* 1788, in-8, 2 tom. en un vol. dem.-rel. v. m.

1422. Dubuisson (P. J.). Armorial des principales maisons et familles du royaume, particulièrement de celles de Paris et de l'Isle de France. *Paris,* 1757, 2 vol. in-12, v. marb.

> Très-bel exemplaire.

1423. Kock (De). Tables généalogiques des maisons souveraines de l'Europe. *Strasbourg, Fr. Stein,* 1782, gr. in-4, cart., n. rog.

1424. Lainé. Dictionnaire véridique des origines des maisons nobles ou anoblies du royaume de France, contenant aussi

les vrais ducs, marquis, comtes, vicomtes et barons. *Paris,
Bertrand*, 1818, 2 vol. in-8, dem.-rel. v. violet.

Bel exemplaire de ce travail peu commun.

1425. Menestrier (Le P.). Nouvelle Méthode raisonnée du
blason ou de l'art héraldique, mise dans un meilleur ordre
et augmentée de toutes les connaissances relatives à cette
science, par M. L***. *Lyon, Bruyset-Ponthus*, 1770, in-8, v.
marb.

Enrichi de plusieurs planches de blasons gravés.

1426. Noms féodaux, ou Noms de ceux qui ont tenu fiefs en
France, depuis le XIIᵉ siècle jusque vers le milieu du XVIIᵉ
(par Dom Bétencourt). *Paris, Beaucé-Rusand*, 1826, 2 vol.
in-8, dem.-rel. v. rou.

1427. Recherches sur les armoiries, sur les fleurs de lys et
sur les villes, les maisons et les familles qui portent des fleurs
de lys dans leurs armes (par J.-B. Durey de Noinville). *Paris*,
1761, pet. in-8, v. marb. *(Titre refait à la main.)*

Exemplaire précieux, provenant de l'auteur même, M. Durey de
Noinville, dont il porte l'*ex libris* et de nombreuses notes manuscrites.

1428. Val (P. Du). Le Blason en plusieurs tables et figures,
avec des remarques et deux alphabets. *Paris*, 1677, in-12, v.
br.

Orné de 16 planches de blasons gravés sur cuivre.

B. ARCHÉOLOGIE.

1429. Bandinio (Ang. M.). De Obelisco Cæsaris Augusti e Campi
Martii ruderibus nuper eruto, etc. *Romæ*, 1750, in-fol, v. m.
(Planches.)

1430. Champollion (le jeune). Précis du système hiéroglyphi-
que des anciens Égyptiens. *Paris, imprimerie royale*, 1828,
2 vol. in-8, dont un de planches, dem.-rel.

1431. Huetii (P. Dan.), Episcopi Abrincensis, commentarius de
rebus ad eam pertinentibus. *Amstelodami*, 1718, in-12, v.
gr.

Edition donnée par Sallengre.

1432. Millin. Introduction à l'étude des pierres gravées. 1797,
in-8, dem.-rel.

1433. — Monuments inédits ou nouvellement expliqués. *Paris*,
1802, tome Iᵉʳ complet et les trois premières livraisons du
tome II, in-4 br., *fig*.

Exemplaire d'envoi de l'auteur au citoyen Le Brun, 3ᵉ consul.

1434. Oberlinus (J.-Jac.). Orbis antiqui monumentis suis illustrati Primæ Lineæ. *Argentorati*, 1776, in-12. dem.-rel.

1435. Riccioli (R. P. Jo.-B.). Chronologiæ reformatæ et ad
certas conclusiones redactæ. *Bononiæ*, 1669, 3 tom. en un
vol. in-fol., v. fau., *front. gravé.*

> Bel exemplaire d'un livre très-estimé et rempli d'érudition.

1436. Zuzzeri (Luca). D'un' antica villa scoperta sul dosso del
Tusculo, e d'un' antico Orologio a sole tra le rovine della
medesima ritrovato. Dissertazioni due. *Venezia*, 1746, pet.
in-4, *fig.*, cart.

> Dissertations curieuses et fort rares en France.

BIOGRAPHIE.

BIOGRAPHIES GÉNÉRALES ET PARTICULIÈRES.

1437. Account (An) of the Life of the reverend Jonathan
Swift, traduct. interlinéaire en français. *Paris, an VIII,*
in-4, v. marb.

> *Traduit et imprimé* par Mme de Montmorency. Albert-Luynes.
> *an VIII* (1800).

1438. Alcibiade enfant, jeune homme, homme fait et vieillard
(par Rauquil Lieutaud). *Paris, an III,* 4 vol. in-18, v. rac.
(*Figures.*)

1439. Atheneæ Rauricæ, catalogus professorum academiæ Basi-
liensis, cum appendice. *Basileæ*, 1778-80, 2 vol. in-8, vél.

1440. Aulnoy (Mme d'). Histoire d'Hypolite, comte de Duglas.
Londres, 1782 (*Cazin*), 2 vol. in-32, v. éc., fil., tr. dor.

1441. Barbier. Examen critique et complément des dictionnaires historiques les plus répandus, depuis Moreri jusqu'à
la Biographie de Michaud. *Paris*, 1820, in-8, dem.-rel.

> Premier volume et seul paru.

1442. Bayle (Pierre). Dictionnaire historique et critique, nouvelle édit., augmentée de notes, etc. (publiée par Beuchot).
Paris, Desoer, 1820, 16 vol. in-8, dem.-rel. v.

1443. Billecocq. Notice historique sur M. Bellart. *Paris*, 1826,
in-8, dem.-rel.

1444. Biographie universelle et portative des contemporains
(par Rabbe, Boisgelin, etc.). *Paris*, 1836, in-8, dem.-rel. bas.
> Supplément à la biographie de Rabbe, formant le tome V.

1445. Biographie universelle , publiée par Michaud. *Paris,* 1811-1853, 52 vol. — Mythologie, 3 vol. — Supplément, 18 vol. Ens. 73 vol. in-8, v. rac. (*Bon exemp.*)

1446. Brodeau (Jul., avocat). La Vie de maistre Charles Du Molin, tirée des titres de sa maison et de ses propres écrits de l'histoire du temps. *Paris,* 1654, 1 vol. in-4, *portr.,* v. rac., fil., tr. dor. (*Mouillures.*)

1447. Burigny. Vie de Grotius, avec l'histoire de ses ouvrages et des négociations auxquelles il fut employé. *Amsterdam, M. Mich. Rey,* 1754, 2 tom. en 1 vol. in-12, dem.-rel.

1448. Burigny (De). Vie d'Erasme. *Paris,* 1757, 2 vol. in-12, dem.-rel. v.

1449. Cailhava. Etudes sur Molière. *Paris,* 1802, in-8, br.

1450. Chabanon. Tableau de quelques circonstances de ma vie, ouvrage posthume de Chabanon, publié par Saint-Ange. *Paris,* 1802, in-8, dem.-rel.

1451. Champfort. Eloge de Molière, discours qui a remporté le prix de l'Académie françoise en 1769. *Paris,* 1769, in-8, br.

1452. Charpentier. La Vie de Socrate. *Paris,* 1657. — Les Choses mémorables de Socrate, ouvrage de Xénophon, trad. par Charpentier. *Paris,* 1657, 2 tom. en 1 vol. pet. in-12, v.

1453. Condorcet (Le marquis de). Eloge des Académiciens de l'Académie royale des Sciences. 1772, in-12, v. m.

1454. Cuvier (G.). Eloges historiques de Fourcroy,—Desessart, — Cavendish, — Pallas, —Parmentier, —Rumford,—Olivier Tenon, — Werner, — Desmarets, — Riche, — Brugiere. En 1 vol. in-8, dem.-rel.

1455. Desmaretz. Eloge historique de Callot, graveur lorrain. *Nancy,* 1828, in-8, dem.-rel.

1456. Dictionnaire (Nouveau) universel, historique, biographique et bibliographique, trad. de l'angl. de J. Watkins par L'Ecuy. *Paris, Crapelet,* 1803, 1 fort vol. in-8, rel. v.

1457. Dugald-Stewart. Essai historique sur la vie et les ouvrages de William Robertson. *Paris,* 1806, in-8, dem.-rel.

1458. Dupin. Essai historique sur les services et les travaux de Gasp. Monge. *Paris,* 1819, in-8, dem.-rel.

1459. Dupont (de Nemours). Mémoire sur la vie et les ouvrages de M. Turgot, ministre d'Etat. *A Philadelphie,* 1782, in-8, v. m., 2 part. en 1 vol.

1460. Dusaulx. Mémoires sur sa vie, écrits par sa veuve. *Paris,* 1801, in-8, dem.-rel.

1461. Eloge de Michel de l'Hôpital, par Remy. *Paris,* 1777. — Eloge du même, par l'abbé Talbert. *Besançon,* 2 vol. in-8, br.

1462. Essai sur la vie et les ouvrages de Linguet. *Paris*, 1809, in-8, dem.-rel.

1463. Formey. Eloge des académiciens de Berlin et de divers autres savants. *Berlin*, 1757, 2 vol. in-12, rel. v.

1464. Franklin (Mémoires de la vie privée de Benjamin), écrits par lui-même. *Paris*, 1791, in-8, bas.

1465. Frisius (P.). Elogio del cav. Isaac Newton. *Milano*, 1778, in-8, n. rel.

1466. Gassendi (P.). Tichonis Brachei vita, accessit Nicolai Copernici, Georgi Peurbachii et Joannis Regiomontani, astronomorum celebrium, vita. *Hagæ-Comitum*, M.DC.LV, pet. in-4, br., n. rog.

> Ouvrage rare en cette condition.— Un feuillet sali.

1467. Giraud. Notice sur la vie de C. A. Fabrot. *Aix*, 1833, in-8, dem.-rel.

1468. Grosley (Vie de **M.**), écrite en partie par lui-même et continuée par l'abbé Maydieu. *Londres* et *Paris*, 1787, in-8, dem.-rel.

1469. Guilbert. Mémoires biographiques et littéraires par ordre alphabétique sur les hommes qui se sont fait remarquer dans le département de la Seine-Inférieure. *Rouen*, 1812. 2 vol. in-8, br. (*Portraits.*)

> Biographie normande d'un grand intérêt.

1470. Guizot. Vie des Poëtes français sous Louis XIV (tom. I). *Paris*, 1813, in-8, dem.-rel.

> Ce tome Ier, le seul publié, contient les Vies de P. Corneille, J. Chapelain, Rotrou et Scarron.

1471. Histoire de Cicéron, tirée de ses écrits (par Middleton, trad. par l'abbé Prevost). *Paris*, 1749, 4 vol. in-12, rel. v. m.

1472. Illustres Françoises (Les), Histoires véritables. Edition augm. de mémoires historiques et critiques touchant la vie et les ouvrages de l'auteur (Challes). *Amsterdam*, 1750, 4 part. en 2 vol. in-12, v. m., *curieuses fig.*

1473. Kotzebuë. L'Année la plus remarquable de ma vie, trad. de l'allemand. *Paris*, 1802, 2 tom. en 1 vol. in-8, dem.-rel. bas. (*Portrait.*)

1474. Lally-Tolendal (Le comte de). Essai sur la vie du comte de Strafford et sur l'histoire d'Angleterre, d'Ecosse et d'Irlande. *Paris*, 1814, in-8, v. rac., fil.

1475. Marchand (Prosper). Dictionnaire historique, ou Mémoires critiques et littéraires concernant la vie et les ouvrages de divers personnages célèbres, particulièrement dans la république des lettres. *La Haye, P. de Hondt*, 1758, 2 tom. en 1 vol. in-fol., v. m. (*Bel exempl.*)

1476. Mémoires sur Molière et sur Mme Guérin, sa veuve. *Paris*, 1822, in-8, dem.-rel. v.

1477. Mémoires de Lady Hamilton, ambassadrice d'Angleterre à la cour de Naples, ou Choix d'anecdotes curieuses sur cette femme célèbre. *Paris*, 1816, in-8, dem.-rel. (*Portrait.*)

1478. Monumentum Keplero dedicatum Ratisbonæ, die XXVIII décembris, anno M.DCCC.VIII. (*Ratisbonæ, Augustin*), *fig.*, in-fol., v., dor. s. tr.

> Bel exemplaire d'une notice peu commune reliée sur brochure, et contenant le portrait in-fol. de Kepler d'après le buste qui a été sculpté pour son monument.

1479. Morellet. Eloges de Mme Geoffrin. *Paris*, 1812, in-8, br.

1480. Noël. Dictionnaire historique des personnages célèbres de l'antiquité. *Paris*, 1816, in-8, dem.-rel.

1481. Notice historique sur Malesherbes, par Dubois, 1806. — Éloge hist. de Camus, par Toulongeon, 1806. — Éloge de Lacépède, par Villenave, 1826. — Notice sur la vie et les ouvrages d'Henrion de Pansey, par Bernard, 1829. Ensemble 4 pièces in-8, br.

1482. Nouvelle Biographie générale, publiée sous la direction de M. Hoefer. *Paris, Didot*, 1855-1858, 46 vol. in-8, br.

1483. Perau (L'abbé). Vie de Jérôme Bignon, conseiller d'État. *Paris*, 1757, in-12, v. marb., fil.

1484. Plutarque. Vie des Hommes illustres, traduction nouvelle, par A. Pierron. *Paris*, 1843, 4 vol. grand in-12, dem.-rel.

1485. Pothier, jurisconsulte. Éloge, par Leconte de Bièvre, 1772. — Éloge historique du même, par M. Le Trosne. *Orléans*, 1773, in-12, dem.-rel. bas.

1486. Prévot (L'abbé). Histoire d'Éléonore d'Aquitaine. *Londres*, 1788, in-8, dem.-rel. (*Figures.*)

1487. Sénac de Meilhan. Portraits et Caractères de personnages distingués de la fin du XVIIIe siècle, suivis de pièces sur l'histoire et la politique. *Paris*, 1813, in-8, v. rac.

1488. Senebier. Mémoire historique sur la vie et les écrits de H.-B. de Saussure. *Genève, an IX*, in-8, br.

1489. Sethos. Histoire ou Vie tirée des monuments anecdotes de l'Ancienne Égypte, tirée d'un manuscrit grec (par l'abbé Terrasson). 1732, 2 vol. in-12, bas.

1490. Taschereau. Histoire de la vie et des ouvrages de Molière. *Paris*, 1825, in-8, dem.-rel. (*Portrait.*)

1491. Véritable Vie d'Anne-Geneviève de Bourbon, duchesse de Longueville (par Bourgoin de Villefore). *Amsterdam,* 1739, 2 tom. en 1 vol. in-12, dem.-rel.

1492. Vie de M. Des Cartes, réduite en abrégé. *Paris,* 1692, in-12, v. br.

1493. Vie de Vict. Alfiéri, écrite par lui-même et traduite de l'italien. *Paris,* 1809, 2 vol. in-8, dem.-rel.

1494. Virey et Potel. Précis historique sur la vie et la mort de Joseph-Louis Lagrange, membre de l'Institut. *Paris,* 1813, in-4, br.

   On a joint à cet exemplaire un beau portrait de Lagrange.

1495. Voltaire (Vie privée de) et de Mme Du Châtelet, pendant un séjour de six mois à Cirey, par l'auteur des Lettres péruviennes (Mme de Graffigny). 1820, in-8, dem.-rel. (*Portrait.*)

1496. Walckenaer. Histoire de la Vie et des Ouvrages de J. de La Fontaine. *Paris, Nepveu,* 1820, in-8, v. jas., dent.

BIBLIOGRAPHIE

1497. Affaire Libri. Lettre à M. de Falloux, et quatre autres pièces relatives à la même affaire, par Libri, Paul Lacroix, Gust. Brunet, Achille Jubinal, etc. 1849, en 1 vol. in-8, dem.-rel.

1498. Barbier. Dictionnaire des Ouvrages anonymes et pseudonymes, composés, traduits ou publiés en français et en latin. *Paris,* 1822-27, 4 vol. in-8. (*Portrait.*) — De Manne. Nouveau Recueil d'Ouvrages anonymes. *Paris,* 1834, in-8. Ensemble 5 vol. in-8, dem.-rel. (*Très-bon exemplaire.*)

1499. Bibliotheca Juris selecta, secundum ordinem litterarium disposita et ad singulas juris partes directa ; accessit Bibliotheca selectissima, etc. *Ienæ,* 1756, in-8, vél.

1500. Cailleau. Dictionnaire bibliographique, historique et critique des livres rares, précieux, singuliers, et manuscrits. *Paris,* 1790-1802, 4 vol. in-8, rel.

1501. Catalogue des livres composant la bibliothèque de feu M. Falconet. *Paris,* 1763, 2 vol. in-8, v. marb.

1502. Catalogue des ouvrages condamnés depuis 1814 à 1827. *Paris,* 1827, in-12, br.

1503. Dibdin (Le Rev. Th. Fr.). Voyage bibliographique, archéologique et pittoresque en France, trad. de l'anglais par Th. Licquet. *Paris, Crapelet,* 1825, 4 vol. in-8, dem.-rel., *fac-sim.*

1504. Ersch (J. S.). La France littéraire, contenant les auteurs français de 1771 à 1805. *Hambourg,* 1797-1805, 5 vol. in-8, rel. v.

1505. Fabricius. Bibliotheca Latina. *Hamburgi,* 1708, in-8, v.

1506. Fabricii (Jo.-Alb.) Bibliotheca latina, ed. ill. Jo. Aug. Ernesti. *Lipsiæ,* 1773, 3 vol. in-8, dem.-rel. b.

1507. Gratet-Duplessis. Bibliographie parémiologique. Etudes bibliographiques et littéraires sur les ouvrages, fragments d'ouvrages et opuscules spécialement consacrés aux proverbes dans toutes les langues ; suivi d'un appendice. *Paris,* 1847, in-8, dem.-rel.

1508. Nodier (Ch.). Mélanges tirés d'une petite bibliothèque, ou Variétés littéraires et philosophiques. *Paris,* 1829, in-8, dem.-rel.

1509. Notice des ouvrages de Danville. *Paris,* 1802, in-8, br.

1510. Peignot (Gab.). Dictionnaire raisonné de bibliologie. *Paris,* 1802-4, 3 vol. in-8, dem.-rel. (y compris le supplément).

1511. — Manuel bibliographique, ou Essai sur les bibliothèques et sur la connaissance des livres. *Paris,* 1800, in-8, dem.-rel. bas.

1512. — Répertoire bibliographique universel. *Paris, A. A. Renouard,* 1812, in-8, dem.-rel. bas.

1513. Quérard. La France littéraire. *Paris, Didot,* 1827-39, 10 vol., dem.-rel.

1514. Bourquelot. La Littérature française contemporaine, continuation de la France littéraire de Quérard. *Paris,* 1842-1857, 6 vol. in-8, dem.-rel.

1515. Quérard. Les Auteurs déguisés de la littérature française au XIXe siècle. Essai bibliographique pour servir de supplément aux Recherches de Barbier sur les ouvrages pseudonymes. *Paris,* 1847, in-8, dem.-rel.

1516. Soleinne (De). Bibliothèque dramatique, catalogue rédigé par le bibliophile Jacob. *Paris,* 1844, 5 vol. in-8., dem.-rel.

Le 5e volume comprend les autographes et les livres doubles et omis.

1517. Encyclopédie moderne. Dictionnaire abrégé des sciences, des lettres, des arts, publié par MM. Firmin Didot frères, sous la direction de M. Léon Renier. 1852 et suiv., 27 vol. et 3 vol. d'atlas. — Supplément. *Paris*, 1856 et suiv., 12 vol. et 3 vol. d'atlas. Ens. 45 vol. in-8, dem.-rel. v. vert.

1518. Encyclopédie du XIXᵉ siècle. Repertoire universel des sciences, des lettres et des arts, avec la biographie de tous les hommes célèbres. *Paris*, 1842-1853, 25 vol. — supplément, 1 vol. — Table 1 vol. Ens. 27 vol. gr. in-8, dem.-rel.

SUPPLÉMENT

AUX SCIENCES MATHÉMATIQUES.

1519. Abat (Bonaventure). Amusemens philosophiques sur diverses parties des sciences, et principalement de la physique et des mathématiques. *Amsterdam*, 1763, in-8, fig., rel. v.

1520. Abrégé du flottage, s. n. *Paris*, 1766, in-8, br.

1521. Adams (John). The Mathematician's companion, or a table of logarithms. *London*, 1787, in-8, rel. bas.

1522. Allodi (Gaet.) Brevi elementi di calcolo differenziale. *Milano*, 1784, in-4, fig., br.

1523. Ampère. Précis de calcul différentiel et de calcul intégral. Une partie du cours.

1524. Analysis triangulorum, s. n. *Dresdæ et Lipsiæ*, 1746, in-4, fig., br.

1525. Archimedis opera Apollonis Pergæi, per Is. Barrow. *Londini*, 1675, pet. in-4, fig.—Apollonii conica, methodo nova illustrata et succincte demonstrata, per Isaacum Barrow. *Londini*, 1675, pet. in-4, fig., rel. v.

1526. Aristarque de Samos. Traité sur les grandeurs et les distances du soleil et de la lune, trad. en français. *Paris*, 1823, in-8, br.

1527. Artut (S.-F.). Instruction théorique et application de la règle logarithmique ou à calculs. *Paris*, 1827, in-8, br.

1528. Ashby (Samuel). The Young Analyst's exercice, or an Easy Introtion to Algebra, by Samuel Ashby. *London*, 1841, in-12, rel. v.

1529. Atwood (G.). A Treatise on the rectilinear motion and rotation of bodies, with a description of original experiments to the subject. *Cambridge*, 1784, in-8, rel. bas.

1530. Audierne. Traité complet de trigonométrie. *Paris*, 1756, in-8, fig., rel. v.

1531. Ballière, de l'Académie des Sciences. Théorie de la musique. *Paris et Rouen*, 1764, in-4, br.

1532. Barrow (Is.). Lectiones opticæ et geometricæ. *Londini*, 1674, fig., in-4.—Lectiones habitæ in scolis publicis acad. Cantabrigiensis. *Londini*, 1634, pet. in-4, fig., rel. v.

Rare. Une note manuscrite intéressante sur Barrow.

1533. BARTHOLINI (Er.) Principia'matheseos universalis, seu introductio ad geometriæ methodum Renati des Cartes, conscripta ab Er. Bartholino. *Amstelodami*, 1683, pet. in-4, fig,, rel. v.

1534. BAZAINE (P.-D.). Traité élémentaire de calcul différentiel. *Saint-Pétersbourg*, 1827, gr. in-8.—Traité élémentaire de calcul intégral, par le même. 1 gros vol. in-8, dem.-rel. fat.

1535. BAZAINE. Cours de Géométrie pratique. *Paris*, 1807, in-8, dem.-rel.

1536. BEGUIN. Du Calcul infinitésimal et de la Géométrie des courbes. *Paris*, 1774, in-8, cart.

1537. BELLAVÈNE (Le général). Cours de Mathématiques. *Paris*, 1809, in-8, fig., dem.-rel. v.

1538. BELLOGRADUS (Jacobus). Theoria cochleæ Archimedis ab observationibus ducta. *Parmæ*, 1747, in-8, fig., cart.

1539. BÉRARD (J.-B.). Application du calcul différentiel à la discussion et à la construction des équations des lignes courbes et surfaces courbes du second degré. *Turin*, 1814, in-4, br.

1540. — Statistique des Voûtes, contenant l'essai d'une nouvelle théorie de la poussée et un appendice sur les anses de panier. *Paris*, 1810, in-4, br.

1541. BERGERY. Géométrie des courbes appliquée aux arts. *Metz et Paris*, 1843, in-8, fig., dem.-rel.

1542. BERNOULLI (Jean). Recueil pour les astronomes. *Berlin*, 1771, in-8, rel. v.

1543. BERTRAND (Louis). Elémens de géométrie. *Paris et Genève*, 1812, in-4, br.

1544. — Développement nouveau de'la partie élémentaire des mathématiques prise dans toute son étendue. *Genève*, 1778, 2 vol. in-4, fig., cart.

Trésor de savoir, de profondeur et de clarté.

1545. BEZOUT. Cours de mathématiques, à l'usage des gardes du pavillon et de la marine. *Paris, an III*, 5 vol. in-8, cart.

1546. — Cours de mathématiques; 6ᵉ partie (navigation). *Paris, an VII*, in-8, br.—Algèbre. *An V*, in-8, br.

1547. BICQUILLEY (C.-F.). Du Calcul des probabilités. *Toul*, 1783, in-8, br.

1548. BION. Traité de la construction et des usages des principaux instruments de mathématiqués; 4ᵉ édit. *Paris*, 1752, in-4, fig., v.

Très-beau portrait; belles figures.

1549. BIÖRNSEN (Stephanus). Introductio in tetragonometriam ad mentem V C. Lambert analytice conscripta. *Hauniæ*, 1780, in-8, br.

1550. BIOT. Recherches sur les réfractions extraordinaires qui ont lieu près de l'horizon. *Paris*, 1810, in-4, dem.-rel.

1551. — Traité élémentaire d'astronomie physique, avec additions. *Paris*, 1810, 3 vol. in-8, fig., dem.-rel.

1552. — Traité élémentaire d'astronomie physique; 1ʳᵉ édit. *Paris*, 1805, in-8, fig.

1553. — Théorie analytique des courbes et des surfaces du second degré. *Paris*, 1802, in-8, fig., rel. bas.

1554. Bland (Miles]. Algebraical problems, with their solutions. *Cambridge*, 1824, in-8, rel. bas.

1555. — The elements of hydrostatics, with their application. *Cambridge*, 1824, in-8, fig., cart. n. rog.

1556. Blassière (J.-J.). Institution du calcul numérique et littéral, qui contient les principes de l'arithmétique et de l'algèbre. *La Haye*, 1770, 2 vol. in-8, dem.-rel.

1557. Bois-Bertrand (E.-D.). Leçons d'algèbre. *Paris*, 1807, in-8, br.

1558. Bonnycastle. Algèbre, géométrie, etc. *Londres*, 1805 et suiv., 5 vol, in-12, rel. bas.

1559. Borda. Tables trigonométriques décimales, ou Table des logarithmes, des sinus, sécantes et tangentes, revues, augmentées et publiées par Delambre. *Paris, an IX*, in-4, dem.-rel. v.

1560. Born. Gnomonique graphique et analytique. *Paris*, 1846, in-8, fig., dem.-rel.

1561. Bossut. Cours de mathématiques. *Paris*, 1795, 2 vol. in-8, fig., dem.-rel.
> Curieux détails biographiques manuscrits, sur l'abbé Bossut, par M. Fournerat.

1562. Bossut (L'abbé). Traités de calcul différentiel et de calcul intégral. *Paris, an VI*, 2 vol. in-8, dem.-rel.

1563. Bossut (Charles). Mémoires de mathématiques concernant la navigation, l'astronomie physique, l'histoire. *Paris*, 1812, in-8, dem.-rel.

1564. Bossut (L'abbé). Traité élémentaire de méchanique statique. *Paris*, 1772, in-8, fig., rel. v.

1565. Bossut. Cours de mathématiques; 3º partie, mécanique. *Paris*, 1765, in-8.

1566. Boucharlat (J.-L.). Elémens de calcul différentiel et de calcul intégral. *Paris*, 1830, in-8, fig, rel. bas.— *Id.*, *Paris*, 1820.

1567. — Théorie des courbes et surfaces du second ordre. *Paris*, 1810, in-8, fig., dem.-rel.

1568. Bougainville (De). Traité du calcul intégral, pour servir de suite à l'analyse des infiniment petits du marquis de L'Hospital, *Paris*, 1756, 2 vol. in-4, fig., rel. v.

1569. Bouguer. Essai d'optique sur la gradation de la lumière. *Paris*, 1729, in-12, fig.

1570. Bourdon. Eléments d'algèbre; 5ᵉ édit. *Paris*, 1828, in-8, dem.-rel. — *Id. Paris*, 1817, rel. bas.

1571. Bourguer (Du). Traités élémentaires de calcul différentiel et de calcul intégral. *Paris*, 1818, 2 vol. in-8, fig., dem.-rel.

1572. Brachenhoffer (Jo.-J.). Sphœricorum formulare in auditorum usus digestum. *Argentorati*, 1770, pet. in-4, cart.

1573. Brighenti (Maurizio). Nota intorno al movimento delle acque a due coordinate. *Pesaro*, 1828, in-4, fig., br.

1574. Brisson. Dictionnaire raisonné de physique. *Paris*, 1781, 3 vol. in-4, dont 1 de planch., dem.-rel.

1575. — Traité de physique. *Paris*, 1803, 3 vol. in-8, fig., dem.-rel.

1576. Buat (Le chev. du). Principes d'hydraulique. *Paris*, 1779, in-8, v.

1577. Budan de Boislaurent. Nouvelle Méthode pour la résolution des équations numériques. *Paris*, 1822, in-4, br.

1578. Bulos. Méchanique des ouvriers, artisans et artistes. *Paris*, 1825, in-12, fig., br.

1580. Burg. Tables du soleil, par Delambre, et Tables de la lune. *Paris,* 1806, in-4, br.

1581. Cabanis (P.-J.-C.). Rapports du physique et du moral de l'homme; seconde édition. *Paris,* 1805, 2 vol. in-8, dem.-rel.

1582. Cagnoli. Traité de trigonométrie rectiligne et sphérique, traduit de l'italien par M. Chompré. *Paris,* 1786, in-4, dem.-rel.

1583. Caissotti. Principi di matematica sublime, di ferrere per S. E. il sig. conte Caissotii, di S. Vittoria gran cancelliere. *Torino,* 1779, in-8, dem.-rel.

1584. Callet. Tables portatives de logarithmes, publiées à Londres. *Paris,* 1783, in-8, rel. v.

1585. Canard (N.-F.). Traité élémentaire du calcul des inéquations. *Paris,* 1808, in-8, dem.-rel.

1586. Canovai (Stanislao) et Gaetano del Ricco. Elementi di fisica matematica da Stanislao Canovai e Gaetano del Ricco. *Firenze,* 1783, in-8, fig., v. mar.

1587. Hieronymi Cardani mediolanensis medici de subtilitate libri XXI, ab authore plusquam mille locis illustrati, nonnullis etiam cum additionibus, addita insuper apologia adversus calumniatorem, qua vis horum librorum aperitur. *Basileæ, s. a.,* in-8 de 1150 pages, portr. de l'auteur à la date de 1553, *vélin.*

Bel exemplaire de cet ouvrage célèbre, et qui contient l'*Actio prima in calumniatorem ad Franciscum Abundium,* S. Abundii commendatarium.

1588. Carnot (L.-N.-M.). De la Corrélation des figures de géométrie. *Paris,* 1801, in-8, dem.-rel.

1589. Cassini de Thury. Relation de deux voyages faits en Allemagne par ordre du roi. *Paris,* 1743, in-4, dem.-rel. fat.

1590. Chaffvet. L'Art de la triangulation appliquée au cadastre parcellaire. *Grenoble,* 1812, in-4, br.

1591. Chazallon (A.-M.-R.). Mémoire sur les divers moyens de se procurer une base par la mesure directe, par la vitesse du son, par des observations astronomiques. Description d'un nouvel instrument pour mesurer la vitesse du vent *Paris,* 1837, in-8, cart.

Hommage de l'auteur à M. de Freycinet.

1592. Cheppe (Charles de) et Powell. La Physique des gens du monde enseignée en vingt leçons. *Paris,* 1825, in-12, fig., dem.-rel.

1593. Cheseaux (Louis de). Traité de la comète qui a paru en décembre 1743, et en janvier, février, mars 1744, contenant, outre les observations de l'auteur, celles qui ont été faites à Paris par M. Cassini et à Genève par M. Calandrini. *Lausanne et Genève,* 1744, in-8, fig., br.

1594. Clairaut. Eléments d'algèbre, enrichis de notes par Théveneau; dernière édition. *Paris,* 1801, 2 vol. in-8, rel. bas.

1595. Claret-Fleurieu. Application du système métrique décimal à l'hydrographie et aux calculs de la navigation. *Paris, an VIII,* in-4, br.

1596. Clauii Christophori Bambergensis Astrolabium. *Romæ,* 1693, in-4, fig., vél.

Provenant de la bibliothèque de l'abbaye de Cîteaux.

1597. Clos (J.-A.). Nouvel Aperçu sur la météorologie. *Paris, Bachelier,* 1828, in-8, br.

1598. Collalto (Ant.). Lezioni di geometria analitica a due coordinate. *Milano,* 1806, in-8, br.

1599. Collection de tableaux polytechniques : arithmétique; — géométrie élémentaire; — algèbre élémentaire; — trigonométrie rectiligne; — géométrie descriptive; — statique.

Feuilles pliées en 9 cartons, publiées sous la direction de M. Auguste Blum.

1600. Commentari sopra la storia e le teorie dell' ottica del Giam Batista Venturi. *Bologna*, 1814. gr. in-4, fig. et portr. (tome Ier seul paru).

1601. COMTE (L. L. Le). Leçons sur la théorie des fonctions circulaires et la trigonométrie. *Paris, Mallet-Bachelier*, 1858, in-8, dem.-rel.

1602. COMTE (J. L. A. Le). Solutions développées de 300 problèmes qui ont été proposés dans les compositions pour le grade de bachelier ès-sciences. *Paris, Gauthier-Villars*, 1865, in-8, br.

1603. CONDILLAC. La Langue des calculs. *Paris, an VI*, 2 vol. in-12 en 1 seul, dem.-rel.

1604. CONDORCET. Moyens d'apprendre à compter sûrement et avec facilité ; ouvrage posthume. *Paris, an VII*, in-12, dem.-rel.

1605. Connaissance des temps. In-8 et in-12, cart., vél. ou rel. — Environ 30 années, dont plusieurs de 1710 à 1795.

Annuaire du Bureau des Longitudes. La collection depuis 1805. Environ 60 vol.

1606. Correspondance sur l'Ecole Polytechnique. 3 vol. in-8, dem.-rel.

1607. Cosmographia physica et mathematica (par P. Frisi). *Mediolani*, 2 vol. in-4 en 1 seul, fig., dem.-rel.

Le meilleur ouvrage de Frisi.

1608. CÔTES (M. R.). Leçons de Physique expérimentale, trad. de l'anglais. *Paris*, 1742, in-8, fig., rel. v.

1609. COULIER (J.). Dictionnaire d'astronomie mis à la portée des gens du monde. *Paris*, 1824, fig., dem.-rel.

1610. COURNOT (A. A.). De l'Origine et des Limites de la correspondance entre l'Algèbre et la Géométrie. *Hachette*, 1847, in-8, br.

1611. Cours de mathématiques de Camus. *Paris*, 1752, 3 vol. in-8, rel.

1612. COUSIN. Leçons de calcul différentiel et de calcul intégral. *Paris*, 1777, 2 vol. in-8., fig., rel. v.

1613. — Introduction à l'étude de l'astronomie physique. *Paris*, 1787, in-4, br.

1614. CRESSWELL (D.). An Elementary treatise on the geometrical and algebrical investigation of maxima and minima. *Cambridge*, 1817, in-8, fig., cart., non rog.

1615. — A treatise on spherics comprising the Elements of spherical geometry and of plane and spherical trigonometry. *Cambridge*, 1816, in-8, fig., cart., non rog.

1616. Description et Usages de la mappemonde projetée sur l'horizon de Paris, par Chrysologue de Gy. *Paris*, 1774. — Abrégé d'astronomie pour l'usage des planisphères, par Chrysologue de Gy. *Paris*, 1778, in-8, rel. v.

1617. Degré du méridien entre Paris et Amiens, déterminé par la mesure de M. Picard et par les observations de MM. de Maupertuis, Clairaut, Camus, Le Monnier. *Paris*, 1740, in-8, fig., rel. v.

1618. DEIDIER (L'abbé). La Mécanique générale, contenant la statique, l'hydrostatique et l'hydraulique. *Paris*, 1741, in-4, fig., rel. v.

1619. — Le Calcul différentiel et le calcul intégral appliqués à la géométrie. *Paris*, 1740, in-4, fig., rel. v.

Ouvrage qui, malgré son ancienneté, donne encore des choses utiles à recueillir et des notions élémentaires négligées par des auteurs plus modernes.

1620. Delagrive (L'abbé). Manuel de trigonométrie pratique. *Paris*, 1754, in-8, fig., rel. v.

1621. Delambre (J.-B.-J.). Méthodes analytiques pour la détermination d'un arc du méridien, précédées d'un Mémoire sur le même sujet par Legendre. *Paris, an VII*, in-4, fig., br.

1622. Delaunay (Ch.). Traité de mécanique rationnelle. *Paris*, 1857, in-8, fig., br.

1623. Deparcieux. Nouveaux Traités de trigonométrie rectiligne et sphérique, avec un Traité de gnomonique. *Paris*, 1741, in-4, fig., rel. v.

1624. Descartes (René). Discours de la méthode pour bien conduire sa raison ; plus la dioptrique, les météores, la méchanique et la musique. *Paris, C. Angot*, 1668, pet. in-4, fig., rel. v.

    Première édition française de ce livre célèbre, qui se compose de plusieurs pièces réunies et ornées de curieuses figures.

1625. Descartes (Renati) Geometria, una cum notis Florimundi de Beaune ; latine versa et commentariis illustrata a Franc. a Schooten. *Francofurti*, M.DC.XCV, in-4, fig., cart.

1626. — Principia matheseos universalis, seu introductio ad Geometriæ methodum. *Francofurti*, M.DC.XCV, in-4, fig., cart.

1627. Develey (E.). Eléments de géométrie. *Paris*, 1816, in-8, fig., dem.-rel.

1628. — Physique d'Emile. *Paris*, 1802, in-8, fig., br.

1629. Dicquemare (L'abbé). La Connaissance de l'Astronomie. *Paris*, 1771, in-8, fig. rel. v.

1630 Dodson (James). The mathematical repository containing analytical solutions of near five hundred questions. *London*, 1775, 3 vol. in-12, rel. bas.

    Recherché et peu commun.

1631. Dubourguet (J.-B.-E.). Eléments d'algèbre. *Paris*, 1802, in-8, fig., br.

1632. Duchesne (E.). Questions inédites relatives aux examens de l'Ecole Polytechnique et de la Marine. *Vendôme*, 1834, in-8, fig.

1633. Ducoin (P.). Cours d'observations nautiques. *Bordeaux*, 1820, in-8, fig., rel. fat.

1634. Dulac. La Gnomonique, théorico-pratique. *Paris*, 1782, in-8, fig., rel. bas.

1635. Dupain de Montesson. Nouveau Traité ou Supplément théorique et pratique de trigonométrie rectiligne. *Paris, Imp. roy.*, 1773, in-8, fig., dem.-rel.

1636. Dupin (Le baron Charles). Géométrie mécanique des arts et métiers et des beaux-arts. *Paris*, 1825-26, 2 vol. in-8, br.

1637. Dutens (L.). Origine des découvertes attribuées aux modernes. *Paris*, 1812, 2 vol. in-8 en un seul, dem.-rel. v.

1638. Duval-Le-Roy (N.-C.). Eléments de navigation. *Brest*, 1802, in-8, fig., rel. bas.

1639. Eléments (Les) des sections coniques, par M. M. (Mauduit). *Paris*, 1757, in-8, fig., v.

1640. Eléments de méchanique et de physique (par Parent, memb. de l'Acad. des sc.). *Paris*, 1700, in-12, fig., rel. v. fat.

1641. Elementi di Fisica matematica compilati de Stanislao Canovai e Gaetano del Ricco. *Firenze*, 1809, 2 vol. in-8, fig., cart.

1642. Encyclopédie méthodique, partie des mathématiques, par MM. d'A-lembert, l'abbé Bossut, de Lalande, etc. *Paris*, 1784-85-97, 3 vol. in-4 (dont 1 de pl.), dem.-rel.

1643. Entretiens sur les sciences, dans lesquels on apprend comme l'on doit étudier les sciences et s'en servir pour se faire l'esprit juste et le cœur droit (par Bernard Lamy, de l'Oratoire). *Lyon*, 1706, in-12, dem.-rel. bas.

> Très-bon livre, dont J.-J. Rousseau faisait grand cas, et dont il parle avec reconnaissance dans ses « Confessions. »

1644. Epitome astronomiæ, qua brevi explicatione omnia, tam ad sphericam quam theoricam ejus partem pertinentia, per Michaelem Mæstlinum. *Tubingæ*, 1624, in-12. — Synopsis methodica geometriæ, astronomiæ, astrologiæ, opticæ et geographiæ, a Rodolpho Goelenio. *Francofurti*, M.DC.XX, in-12, vélin.

> Ce dernier ouvrage est des plus rares et ne se trouve signalé nulle part.

1645. Espinasse (le chev. de l'). Traité sur la théorie et la pratique du nivellement. *Avignon*, 1768, in-4, fig., rel. bas. m.

1646. Euclidis Optica et Catoptrica, e græco versa per Joan. Penans. *Parisiis, ex officina Dionysii Duvalii*, M.DC.IIII, in-8, fig., cart.

> Peu commun.

1647. Euclides. Elementa Euclidea geometriæ planæ ac solidæ; et selecta ex Archimede theoremata, quibus accedit trigonometria auctore Andrea Tacquet. *Neapoli*, 1734. — Sectionum conicarum tractatus, auctore D. Josepho Orlando. *Neapoli*, 1744, in-8, vélin.

1648. Euler (Léonard). Eléments d'algèbre (trad. par J. Bernoulli). *Lyon*, 1776, in-8, dem.-rel.

1649. Exercice de calcul intégral sur divers ordres de transcendants et sur les quadratures. *Paris, Courcier*, 1811, in-4, fig., dem.-rel.

1650. Exercices et récréations mathématiques. In-12, cart.

> Manuscrit intéressant, de 365 pages, écrit en 1792, et dont on ne connaît pas l'auteur. Il y a de curieux problèmes et un système d'arithmétique binaire, avec détails sur un travail de Leibnitz à ce sujet.

1651. Fergola (N.). Opuscoli matematici della scuola del sig. N. Fergela. *Napoli*, 1811, in-4, fig., br.

1652. Fergusson (James). Tables and Tracts relative to several arts and sciences. *London*, 1771, in-8, fig., rel. bas.

1653. — Astronomy explained upon sir Is. Newton principles. *London*, 1764, in-4, fig., rel. v.

1654. Ferronius (P.) Magnitudinum exponentialium logarithmorum et trigonometriæ sublimis theoria. *Florentiæ*, 1782, in-4, dem.-rel. v.

1655. Finck (P.-F.). Géométrie élémentaire basée sur la théorie des infiniment petits, et Trigonométrie. *Strasbourg*, 1841, in-8, fig., dem.-rel.

1656. Fischer (E. G.) Physique mécanique, trad. de l'allemand (par Mme Biot, née Brisson). *Paris*, 1806, in-8, dem.-rel.

1657. Fontana (Gregorio). Delle altezze barometriche e di alcuni insigni paradossi relativi alle medesime saggio analitico. *In Pavia*, 1771, in-8, br.

1658. Fontanæ (Gregorii). Disquisitiones physico-mathematicæ. *Papiæ*, 1780, in-4, fig., br.

> Edition ornée de charmantes vignettes.

1659. Forbin (le chev. de). Eléments des forces centrales, ou Observations sur les lois que suivent les corps mus autour de leur centre de pesanteur. *Paris*, 1774, in-8, rel. v. éc.

1660. Fortia. Traité des progressions par addition ou des séries algébriques, terminé par de nouvelles vues sur la quadrature du cercle. *Paris*, 1795, in-8 br.

1661. Francœur. Traité de mécanique élémentaire. *Paris*, 1802, in-8, fig., br.

1662. — Géodésie, ou Traité de la figure de la terre et de ses parties, topographie, etc. *Paris, Bachelier*, 1835.

1663. Frisii (Pauli) de Gravitate corporum. *Mediolani*, 1748, in-4, fig., rel. v.

1664. Fugnanno (G.-C. di). Produzioni matematiche. *Pesaro*, 1750, 2 vol. in-4, vélin.

1665. Gardiner. Tavole logarithmiche. *Firenze*, 1796, in-8, dem.-rel.

1666. Garnier (J.-Bl.). Gnomonique mise à la portée de tout le monde, ou Méthode simple et aisée pour tracer des cadrans solaires. *Paris*, 1773, in-8, fig., br.

1667. — Réciproques de la géométrie, suivies d'un Recueil de théorèmes. *Paris*, 1810, in-8, fig., rel. bas.

1668. — Analyse algébrique, faisant suite aux Eléments d'algèbre *Paris*, 1801, in-8, br.

1669. — Usage du compas de proportion, suivi d'un Traité de la division des champs. *Paris*, 1794, in-12, fig., dem.-rel.

1670. — Gnomonique mise à la portée de tout le monde, ou Méthode simple et aisée pour tracer les cadrans solaires. *Marseille*, 1773, in-8, fig., dem.-rel. v.

1671. Gassendi (Petrus). Tychonis Brahei equitis astronomorum coryphæi vita. *Hagæ-Comitum*, M.DC.LV, in-4, cart., n. rog.

1672. Gauthier d'Hauteserve. Traité élémentaire sur les probabilités. *Paris, Bachelier*, 1834, in-8, dem.-rel.

1673. Geometria elementaris et practica, s. n. *Luxemburgi*, 1776, in-12, rel. v.

1674. Géométrie descriptive de Monge *Paris, an VII*, in-4, fig., dem.-rel. fat.

1675. Giamboni (M.-H.). Eléments d'algèbre, d'arithmétique et de géométrie. *Paris, Bachelier*, 1829, in-8, br.

1676. Gibson (Rob.). The theory and practice of surveying. *New-York*, 1828, in-8, fig., rel. bas.
  Traité de géodésie, telle qu'on enseigne cette science aux Etats-Unis.

1677. Goeffon (J.). Harmonie des deux sphères, céleste et terrestre, ou l'Art de connaître la situation, la route et la distance de toutes les parties de la terre, par le soleil et par les étoiles. *Paris*, 1739, in-4, rel. v.

1678. Grammaire des sciences philosophiques, ou Analyse abrégée de la philosophie moderne. *Paris*, 1771, in-8, fig., rel. v.

1679. Grange (De La). Essai d'une nouvelle méthode pour résoudre le problème des trois corps, qui a remporté le prix de l'Académie royale des sciences en 1772. In-4, br.

1680. 's Gravesande (Guill.-Jac.). Œuvres philosophiques et mathématiques, rassemblées et publiées par J.-N.-Séb. Allamand. *Amsterdam*, 1774, 4 vol. en un seul, cart.

1681. Gravesande. Physices Elementa mathematica, sive introductio ad philosophiam newtonianam. *Leidæ*, 1748, 2 vol. in-4, cart. vél.

1682. — Philosophiæ newtonianæ Institutiones in usus academicos. *Vindoboniæ*, 1760, in-12, rel. v.

1683. —Matheseos universalis Elementa, quibus accedunt specimen, commentarii in arithmeticam universalem Newtoni. *Lugduni-Batavorum*, s. d., in-12, fig., rel. v.

1684. Gua de Malves (Jean-Paul. de). Usages de l'analyse de Descartes pour découvrir les propriétés des lignes géométriques de tous les ordres. *Paris*, 1740, in-12, rel. v.

1685. Guenyveau (A.). Essai sur la science des machines. *Paris*, 1810, in-12, dem.-rel.

1686. Hales (Guil.). Analysis fluxionum. *Londini*, 1800, in-4, br.

1687. Halley. Tables astronomiques pour les planètes et les comètes. *Paris*, 1759, 2 vol. in-8, rel. v.

1688. Hassenfratz (J.-H.). Cours de physique céleste, ou Leçons sur l'exposition du système du monde à l'École polyt. *Paris*, 1803, in-8, fig. dem.-rel. v.

1689. Hausen (Aug.). Elementa matheseos, auctore christiano. *Lipsiæ*, 1734, pet. in-4, cart. — Statique de Poinsot. *Paris*, 1821, in-8. — Statique de J.-B. Biot. *Paris*, 1829, in-8. Ens. 3 vol.

1690. Hell (P. Max.). Elementa arithmeticæ numericæ et litteralis seu Algebræ. *Vindobonæ*, 1773, in-8, br.

1691 — Ephemeridos anni 1757 ad meridianum vindobonensem, calculis definitæ. *Vindobonæ*, 1757, in-8, cart.

C'est le premier volume des « Ephémérides » de P. Hell, continuées par lui jusqu'en 1786. Cette collection est très-intéressante.

1692. Herschel (John F. W.). Traité d'astronomie, traduit de l'anglais par Aug. Cournot. *Paris*, 1834, in-12, fig., dem.-rel.

1693. Hennert (J. F.). Cursus matheseos applicatæ, *Trajecti ad Rhenum*, 1768, 3 vol. in-12, cart. — Cursus mathematici. *Trajecti ad Rhenum*, 1766, 4 vol. in-12, cart.

1694. — Dissertations physiques et mathématiques. *Uutrecht*, 1778, in-8, fig., dem.-rel.

1695. Henrion (D.). Cosmographie, ou Traicté général des choses tant célestes qu'élémentaires. *Paris*, 1626, in-12, fig., rel. v.

1696. Henrion (D.). L'vsage dv mécomètre, qui est un instrument géométrique, avec lequel on peut très-facilement mesurer toutes sortes de longueurs et distances visibles, etc. *Paris*, 1630, in-12, fig., vélin.

1697. Hermann (Jacobus). Phoronomia, sive de viribus et motibus corporum solidorum et fluidorum. *Amstelodami*, 1716, in-4, fig., rel. v.

1698. Hindenbourg (Car.-Fred.). Infiniti nomii dignitatum exponentis indeterminati historia, leges ac formulæ. *Gottingæ*, 1779, in-4, dem.-rel.

1699. Hire (de la). La Gnomonique, ou Méthodes universelles pour tracer des horloges solaires ou cadrans pour toutes sortes de surfaces. *Paris*, 1698, in-12, fig., rel. v. fat.

Peu commun et peu connu, et cependant unique dans son genre pour l'élégance et l'originalité. (V. Delambre, *Astr. du moyen âge. Paris*, in-4, 1819, pages 627 et suiv.)

1700. — Traité de mécanique. *Paris, imp. roy.*, M.DC.XCV, in-12. fig., rel. v.

1701. — Tabulæ astronomicæ. *Parisiis*, 1702, in-4, fig., rel. v.

1702. — Sections coniques. *Paris*, 1679, in-12, rel. v.

1703. Histoire et Mémoires de l'Académie royale des sciences. *Amster-dam* et *Paris*, 1723-1778, 135 vol. in-12, rel. **v.**

> Collection importante qui commence l'histoire de l'Académie en 1692. — Environ 20 vol. in-4 de l'*Histoire et mémoires de l'Académie des sciences de Paris, de Berlin, Saint-Pétersbourg*, etc.

1704. Hobbes (Thomas). Examinatio et emendatio mathematicæ hodiernæ· *Londini*, 1660, pet. in-4, fig., rel. v.

1705. Hospital (Le marquis de L'). Analyse des infiniment petits. *Avignon*, 1768, in-8, v.

1706. Hugmann (Al.). Etudes sur la trigonométrie sphérique, suivies de nouvelles tables trigonométriques. *Lille*, 1851, in-8, br.

1707. Hutton (Charles). Tract on mathematical and philosophical subjects. *London*, 1812, 2 vol. in-8. — Course of mathematics. T. III, édit. 1827.

> En tout 3 vol. in-8, cart., non rog. Beau portrait de l'auteur.

1708. Institutions astronomiques, ou Leçons élémentaires d'astronomie, pour servir d'introduction à la physique céleste et à la science des longitudes. *Paris*, 1746, in-4, rel. v.

1709. Isalina (L'abbé). Table chronologique des règnes, prolongée jusqu'à la prise de Constantinople par les Turcs; apparition des étoiles fixes de Ptolémée, Théas, etc. *Paris, Bobée*, 1819, in-4, fig., rel. v.

1710. Jacob (C.). Application de l'algèbre à la géométrie. *Paris, Metz*, 1842, in-8, fig., dem.-rel. v.

1711. Jassa (W.). Tenue des livres du commerce. *Paris*, 1839, in-8, br.

1712. Jautet. Leçons élémentaires de mécanique, par l'abbé Jautet, professeur de philosophie au collége de Dôle. *Dôle*, 1785, in-8, fig., dem.-rel. v.

1713. Jolloi· et Devillers. Appendice aux Recherches sur les bas-reliefs astronomiques des Egyptiens. *Paris*, 1834, in-8, fig., br.

1714. Jourdan (A.-J.-L.). Dictionnaire raisonné, étymologique, synonymique et polyglotte des termes usités dans les sciences naturelles. *Paris*, 1834, 2 vol. in-8, dem.-rel.

1715. Journal de l'Ecole Polytechnique (environ 10 à 12 vol. in-4, depuis 1796) — Les 12 derniers, jusqu'à 1861, ne s'y trouvent pas.

1716. Kelly (P.). A practical introduction to spherics and nautical astronomy. *London*, 1796, in-8, fig., rel. bas.

1717. Korolek (Phil.). Méthode nouvelle pour calculer rapidement les logarithmes des nombres. *Paris, Bachelier*, 1851, in-8, br.

1718. Kraftii (Jensenii) Mechanica latine reddita et aucta a Joanne Nicolao Tetens. *Buerrovii* et *Wismariæ*, 1773, in-4, fig., dem.-rel. v.

1719. Cramp (C.). Eléments de géométrie. *Cologne*, 1806, in-8, fig., dem.-rel.

1720. Labey (J.-B.). Traité de statique. *Paris*, 1812, in-8, br.

1721. La Caille (de). Tables de logarithmes. *Paris*, 1768, in-12, rel. v.

1722. Lacroix (S. F.). Eléments de géométrie. *Paris, an VII*, in-8, fig., dem.-rel.

1723. — Traité élémentaire de trigonométrie rectiligne et sphérique. *Paris*, 1810, in-8, fig., dem.-rel.

1724. — Traité élém. de calcul différentiel et de calcul intégral. *Paris*, 1802, in-8, fig., dem.-rel.

1725. — Traité élém. de calcul différentiel et de calcul intégral. *Paris*. 1820, in-8, dem.-rel.

1726. Lagrange (J. de). Traité de la résolution des équations numériques de tous les degrés. *Paris, an VI*, in-4, br.

1727. — Méchanique analytique. *Paris*, 1788, in-4, dem.-rel.

1728. La Lande (de). Exposition du calcul astronomique. *Paris, Imp. roy.*, 1762, in-12, fig., rel. v.

1729. — Connaissance des mouvements célestes pour l'année 1765. *Paris. Imp. roy.*, 1763, in-12, rel. v.

Provenant de la bibliothèque de l'abbaye du Bec, en Normandie, avec les armes de ladite abbaye sur les gardes du volume.

1730. Lalmand (A. A.) Géodésie, ou Art de partager les champs. *Paris*, 1793, in-8, fig., dem.-rel.

1731. Lambert (J.-H.). La Perspective affranchie de l'embarras du plan géométral. *Zurich*, 1759, in-8, cart.

1732. —(J.-H.). Supplementa tabularum logarithmicarum et trigonometricarum. *Olisipone*, 1798, in-8, dem.-rel.

1733. Lambert (César). Traité d'Arithmétique. *Paris*, 1836, in-8, br.

1734. Lange (P.-L.-R.). Éléments de Physique. *Paris*, 1790, in-8, rel. v.

1735. Laplace (P.-S.). Exposition du système du monde, 2e édit, *Paris*, 1799, in-4, dem.-rel.

1736. — Exposition du système du monde. *Paris, an IV*, 2 vol. in-8, dem.-rel.—Essai iphilosophique sur les probabilités. *Paris*, 1814, in-8, dem.-rel. v.

1737. Lardner (Dion.). A system of Algebraic, Geometry. Vol. 1, containing the Geometry of plane curves. *London*, 1823, in-8, fig., br.

1738. Lavoisier. Traité élémentaire de Chimie, 2e édit. *Paris*, 1793, 2 vol. in-8, fig., dem.-rel.

1739. Leçons sur le calcul des fonctions, s. n. *Paris*, 1806, in-8, fig., dem.-rel.

1740. Leçons d'astronomie recueillies aux cours publics, par un ancien élève de l'École polytechnique. *Paris*, 1826, in-8, br.

1741. Lefebure de Fourcy. Géométrie analytique.—Théorie de l'équilibre et du mouvement des corps, par Saint-Guilhem.

1742. —Leçons de Géometrie analytique. *Paris*, 1827, in-8, fig., br.

Dernière édition de 185.

1743. —Éléments de Trigonométrie. *Paris*, 1831, in-8, fig., br.

1744. Lefevre (A.). Application de la Géométrie à la mesure des lignes inaccessibles et des surfaces planes. *Paris*, 1827, in-8, fig., br.

1745. — Connaissances du Géodésiste, ou Traité spécial de la division des propriétés rurales. *Paris*, 1837, in-12, dem.-rel. v. r.

1746. Legendre (A.-M.). Nouvelles Méthodes pour la détermination des orbites des comètes. *Paris*, 1805, in-4, fig., br.

1747. — (A.-M.). Éléments de Géométrie, avec des notes, 12e édit. *Paris, Didot*, 1823, in-8, fig., dem.-rel.

Suivi de la *Trigonométrie* du même.

1748 —Essai sur la théorie des nombres. *Paris, an VI*, in-4, br.

1749. Lembert (J.-B.-A.), Éléments d'Algèbre. *Cologne*, 1812, in-8, dem.-rel.

1750. Lemoine d'Essoies. Traité élémentaire de mathématique. *Paris*, 1789, in-8, fig., rel. v.

Note biographique manuscrite sur Lemoine d'Essoies, par M. Fournerat.

751 Leroy (M.-F.). Analyse appliquée à la géométrie des trois dimensions. *Paris*, 1829, in-8, fig., br.

1752. Lescan (J.-F.) Trigonométries rectilignes et sphériques, suivies du Calcul des différences. *Paris*, 1817, in-8, fig., dem.-rel.

1753. Lesparat. Métrologies constitutionnelle et primitive, comparées entre elles avec la métrologie d'ordonnances. *Paris, an X* (1801), 2 vol. in 4, br.

1754. Lettres sur l'astronomie pratique, par M..... *Paris, Didot*, 1786, in-8, fig., br.

1755. Levèque. Tables générales de la hauteur et de la longitude du nonagésime. *Avignon*, 1776, 2 vol. in-8, dem.-rel.

1756. Lidonne (M. N. J.). Tables de tous les diviseurs des nombres calculées depuis 1 jusqu'à 102,000. *Paris*, 1808, in-8, port., cart., non rog.

Lidonne, né à Périgueux, était chef de division au ministère de la justice, en 1808.

1757. Sigaud de La Fond. Éléments de physique. *Paris*, 1787, 3 vol. in-8, fig. et portr., br. — Description et usage d'un cabinet de physique expérimentale, par Sigaud de La Fond. *Tours, an VI*, 1 vol. in-8, br.

1758. Ligorgne. Institutions Newtoniennes. *Paris*, 1769, in-8, fig., rel. v.

1759. Lingois (l'abbé). Leçons élémentaires de mathématiques. *Paris*, 1770, in-8, fig., rel. v.

1761. Littré (E.). De la Philosophie positive. *Paris*, 1845, in-8, br.

1762. Livet (G. S.). Gnomonique, ou Art de tracer les cadrans solaires. *Metz et Paris*, 1839, in-8, fig., dem.-rel.

1763. Lorgna (Ant.-Maria). Fabrica ed usi principali della squadra di proporzione. *Verona*, 1768, in-4, fig., vél.

1764. Lomé. Cours de physique. *Paris*, 1836, 2 vol. in-8, br.

1765. Lubbé (S.-F.). Traité de calcul différentiel et de calcul intégral, trad. de l'allemand par Maurice Kartscher. *Paris, Bachelier*, 1832, in-8, fig., dem.-rel.

1766. Lucas (J.-A.-H.). Tableau méthodique des espèces minérales, extrait du traité de minéralogie de M. Haüy. Ire partie. *Paris*, 1806, in-8, broch.

Très-beau portrait de Haüy. M. Lucas est mort à la fleur de l'âge, en laissant beaucoup de travaux inachevés.

1767. Luya (M.-J.). Amusements arithmétiques et algébriques de la campagne. *Genève*, 1779, 2 vol. in-4 en un seul, fig., rel. v.

1768. Maclaurin (C.). Geometria organica, sive Descriptio linearum curvarum universalis. *Londini*, 1720, pet. in-4, fig., rel. v.

Double de la Bibliothèque royale.

1769. —— A Treatise of algebra. *London*, 1756, in-8, fig., rel. bas. fat.

1770. — Traité d'algèbre et de la manière de l'appliquer, trad. de l'anglais. *Paris*, 1753, in-4, rel. v.

1771. Malezieu (De). Elémens de géométrie de Monsieur le duc de Bourgogne. *Paris*, 1735, in-8, fig., rel. bas.

1772. Marcot (J.-B.-P.). Erreur des astronomes et des géomètres, d'avoir admis l'accélération séculaire de la lune. *Paris*, 1833, in-8, br.

1773. — Astronomie solaire simplifiée. *Paris*, 1832, in-8, br.

1774. Marie (Abbate). Lezioni elementari di calcolo differenziale ed integrale, del sig. Ab. Marie, trad. dai P. Canovai e del Ricco. del P. don Gregorio Fontana. *Pavia*, 1793, 2 vol. in-8, fig., rel. bas.

1775. Martin (Roger). Eléments de mathématiques. *Paris, an X*, in-8, fig., dem.-rel.

1776. Martin (Le R. P.). Institutions mathématiques, par le R. P. Martin, professeur au collége de Draguignan. *Avignon*, 1776, in-8, fig., dem.-rel.

1777. Maseres (Francis). Elements of plane trigonometry in which is introduced a dissertation on the nature and use of logarithms. *London*, 1760, in-8, fig., rel. bas.

    Ex dono authoris.

1778. Mastu (C.-F.). Le Régulateur universel des poids et mesures, invention nouvelle pour apprendre seul et sans maître à trouver les rapports réciproques du nouveau système et des poids et mesures de tous les pays, ainsi que des francs, livres tournois et monnaies étrangères. *Bordeaux*, 1809, in-8, rel. bas.

1779. Mathematics (by Emerson). *London*, 1743, in-8, rel. bas.

1780. Maupertuis. Astronomie nautique, ou Elémens d'astronomie. *Paris, Imp. Roy.*, 1743, in-8, fig., rel. v., fil., tr. dor.

    Bel exemplaire sur papier de Hollande, de la première édition.

1781. — Discours sur les différentes figures des astres, d'où l'on tire des conjectures sur les étoiles qui paraissent changer de grandeur et sur l'anneau de Saturne. *Paris, Imp. Roy.*, 1782, in-8, fig., rel. v. f.

1782. Mayer (Tobias). Tabulæ motuum solis et lunæ novæ et correctæ. *Londini*, 1770, in-4, rel. v.

1783. Mazeas. Eléments d'arithmétique, d'algèbre et de géométrie. *Paris*, 1748, in-8, fig., rel. v.

    Notes fort curieuses manuscrites sur les derniers jours de l'infortuné Mazeas.

1784. Mazeas. Elémens d'arithmétique, d'algèbre et de géométrie. *Paris*, 1761, in-8, fig., v. m.

1785. Mazzuchelli (Girol.). Memoria idrostatica : sulla pressione de' fluidi contro i lati de' vasi convergenti e divergenti. *In Roma*, 1781, in-8, fig., br.

1786. Mélanges d'astronomie, par Lalande et autres. *Paris, an VI*, in 8, br.

1787. Mercator (Nic.). Logarithmo-technia, sive Methodus construendi logarithmos. *Londini*, 1668, pet. in-4, fig., rel. v.

1788. Méthodes nouvelles pour déterminer les racines des équations numériques et les intégrales définies simples ou doubles. *Nismes*, 1818, in-4, br.

1789. Meyer-Hirsth. Integral Tables or a collection of integral formule. *London*, 1823, in-8, dem.-rel.

1790. Milnes (Jacobus). Sectionum conicarum elementa nova methodo demonstrata. *Oxoniæ*, 1723, in-8, pl., rel. v. f., dor. sur tr.

1791. Moivre (De). De mensura sortis, seu de probabilitate eventuum in ludis a casu fortuito pendentibus.

    Brochure fort rare en France, extraite du *Philosophical transactions*, en mars 1711, in-4. C'est là le premier essai qui devait donner plus tard naissance à *The Doctrine of chances.*

1792. Mollet (Joseph). Mécanique physique. *Avignon*, 1818, in-8, br.

1793. — Gnomonique graphique, suivie de la Gnomonique analytique. *Paris, Bachelier*, 1827, in-8, fig., dem.-rel.

1794. Monge. **Traité élémentaire de statique.** *Paris*, 1788, in-8, br.

1795. — Application de l'algèbre à la géométrie. *Paris*, 1809, in-4, fig., br.

1796. Monnier (Le). Astronomie nautique lunaire. *Paris*, 1771, in-8, rel. v. éc.

1797. Montucla. Histoire des mathématiques. *Paris*, 1758, 2 vol. in-4 rel. v.

1798. Morgan (Wil.). The Principles and doctrine of assurances annuities on lives and contingent reversions. *London*, 1821, in-8, cart. non rogné.

1799. Morrison (James). A concise system of commercial arithmetic. *London*, 1817, in-12, rel. bas.

1800. Mourry (C.-V.). La Vraie Théorie des quantités négatives et des quantités prétendues imaginaires. *Paris*, 1828, in-12, dem.-rel.

1801. Muller. Traité analytique des sections coniques, fluxions et fluents. *Paris*, 1760, in-4, fig., rel. v.

1802. Mussenbrock (Pierre Van). Cours de physique expérimentale et mathématique, trad. par Sigaud de la Fond. *Paris, Didot*, 1749, 3 vol. in-4, fig., rel. v.

1803. Mutel (A.). Cours élémentaire d'astronomie, à l'usage des gens du monde. *Paris*, 1843, in-8, fig., dem.-rel.

1804. Nouveau Zodiaque, réduit à l'année 1755, avec les autres étoiles. *Paris, Imp. Roy.*, 1755, in-12.—Table de la longitude et de la latitude de toutes les étoiles fixes zodiacales, suivant les observations de Flamsteed. Jol. fig., pap. holl.

1805. Nouvelles Expériences sur la résistance des fluides, par MM. d'Alembert, Condorcet, l'abbé Bossut. *Paris*, 1777, in-8, pl. et fig., rel. v. mar.

1806. Newton (Isaac). La Chronologie des anciens royaumes, trad. de l'anglois (par Granet). *Paris*, 1728, in-4, fig., dem.-rel.

1807. — Philosophiæ naturalis principia mathematica, perpetuis commentariis illustrata, communi studio Th. Le Seur et Fr. Jacquier. *Genevæ*, 1739-42, 4 part. en 3 vol. in-4, fig., rel. v.

> Très-bonne édition de cet immortel ouvrage, dont le professeur Calandrini, de Genève, a été l'éditeur.

1808. — Méthode des fluxions et des suites infinies, trad. par Buffon. *Paris*, 1811, in-8, cart., n. rog.

1809. Nieuport (De). Mélanges mathématiques, ou Mémoires sur différents sujets de mathématiques, tant pures qu'appliquées. *Bruxelles*, 1794, 2 vol. in-4, fig., dem.-rel.

1810. Noel (J.-N.). Mélanges de mathématiques, ou Application de l'algèbre à la géométrie élémentaire. *Luxembourg*, 1822.

1811. Nollet (l'abbé). Leçons de physique expérimentale. *Paris*, 1749, 6 vol. in-12, fig., rel. v.

> Bel exemplaire d'un ouvrage encore curieux par les nombreuses figures dont il est illustré.

1812. Norie (J. W.). A complete set of nautical tables containing all that are requisite with the nautical almanac. *London*, 1813, grand in-8, fig., rel. v.

1813. Obenheim (D'). Balistique. — Indication de quelques expériences propres à compléter la théorie du mouvement des projectiles de l'artillerie. *Strasbourg*, 1814, in-8, fig., br.

1814. Opuscula omnia actis eruditorum lipsiensibus inserta. *Venetiis*, 1740, 2 vol. in-4, fig., rel. v.

> Remarquables figures et très-bel exemplaire.

1815. OZANAM. La Géométrie pratique. *Paris*, 1736, in-12, fig., rel. v.

1816. — Tables des sinus, tangentes et sécantes et des logarithmes, des sinus et des tangentes. *Paris*, 1685, in-12, rel. v.

1817. — Nouveaux Eléments d'algèbre. *Amsterdam*, 1702, in-8, fig., rel. bas. à comp.

1818. — La Perspective théorique et pratique. *Paris*, 1720, in-8. — Traité de mécanique. In-8, fig., rel. v.

1819. — Récréations mathématiques et physiques. *Paris*, 1790, 4 vol. in-8, fig., dem.-rel. v.

1820. — L'Usage du compas de proportion. *Paris*, 1700, in 12, fig., vél.

1821. — La Gnomonique. *Paris*, 1746, in-8, fig., v. m. — L'Usage du compas de proportion. *Paris*, 1736, in-8, fig., rel. v — Usage du compas de proportion. *Paris*, 1769, in-12, fig., v. m. — La Trigonométrie rectiligne et sphérique, avec tables. *Paris*, 1765, in-8, fig. v. br.

1822. PAGAN (le comte de). Les Tables astronomiques du comte de Pagan, données pour la juste supputation des planètes, des éclipses et des figures célestes. *Paris*, 1681, in-4, v.

1823. PAPACINO D'ANTONI. Institution physico-mécanique, à l'usage des écoles royales d'artillerie et du génie de Turin, trad. de l'italien (par M. de Mont-Rozard). *Strasbourg*, 1777, 2 vol. in-8, fig., cart. Bradel.

1824. PARA DU PHANJAS. Elémens de physique. *Paris*, 1781, in-8, rel. v.

1825. PASTORET (De). Dissertation qui a remporté le prix de l'Acad. Roy. *Paris*, 1784, in-8, dem.-rel.

1826. PAUCTON. Métrologie, ou Traité des mesures des poids et monnaies. *Paris*, 1780, in-4, rel. v.

1827. PERRONET. Géométrie sans axiomes, trad. de l'anglais par Van Tenac. *Paris*, 1836, in-8, fig., br.

1829. PETAVIUS (Dion.). Uranologion, sive systema variorum authorum qui de sphera ac sideribus græce commentati sunt… gr. et lat., cura Dionysii Petavii. *Lutetiæ-Parisiorum, Sebastiani Cramoisi*, 1630, fig. — Dionysii Petavii aurelianensis variarum dissertationum ad uranologion sive auctarium operis de Doctrina temporum libri octo, in quibus pleraque ad cœlestium rerum ac temporum scientiam necessaria tractantur. 2 t. en 1 vol. in-fol., rel. v. f., dor. s. tr.

> Splendide reliure à compartiment, chef-d'œuvre du xviie siècle (1638), aux armes de l'évêque qui donna ce livre en prix, comme on peut le voir sur la garde qui précède le titre.

1830. PRZENAS (P.). La Théorie et la Pratique du jaugeage des tonneaux. *Avignon*, 1778, in-8, fig., br.

1831. PICARD. Traité du Nivellement. *Paris*, 1684, in-12, rel. v.

1832. PINGRÉ (A.-G.). E·at du ciel pour l'an de grâce 1754, *Paris*, 1754, in-8, v. b.

1833. PITISCI (Bartholomæi) Grunbergensis Silesii Trigonometria, sive de dimensione triangulæ libri V. *Francofurti*, 1612, pet. in-4, fig., vélin.

> Pour ce que ce livre renferme de neuf pour l'époque où il a paru, voy. Delambre, *Histoire de l'astr. moderne*, t. II, p. 29 et suiv.

1834. POISSON. Traité de mécanique. *Paris*, 1811, 2 vol. in-8, dem.-rel.

1835. Pontécoulant (G. de). Traité de physique céleste et de précis d'astronomie théorique et pratique, par G. de Pontécoulant. *Paris*, 1840, 2 vol. in-8, br.

1836. Poulet-Delisle. Application de l'algèbre à la géométrie. *Paris*, 1809, in-8, fig., dem.-rel.

1837. Pratiques de l'arpentage (par M. Didier). *Paris*, 1789, in-8, fig., br.

1838. Précis d'arithmétique par demandes et réponses (par Simon Lhuillier). *Genève*, 1797, in-12, rel. v.

    Estampille de la Bibliothèque Rœderer.

1839. Préol (C.-J. Le). Introduction à la physique et particulièrement à la mécanique. *Strasbourg*, 1806, in-8, bas.

1840. Prestet (Jean). Nouveaux Éléments des mathématiques, ou Principes généraux de toutes les sciences qui ont les grandeurs pour objet. *Paris*, 1689, 2 vol. in-4, fig , rel. v.

1841. Principes sur le mouvement et l'équilibre, pour servir d'introduction aux mécaniques et à la physique (par Trabaud). *Paris*, 1741.

    Trabaud, professeur de mathématique à l'ancienne Université de Paris, auteur de cet ouvrage et de plusieurs autres, est né dans le Var; on ignore l'époque de sa mort, et aucune biographie ne fait mention de ce savant estimable.

1842. Privat de Molières (Joseph). Leçons de physique. *Paris*, 1745, 2 vol. in-12, rel. v.

1843. Problèmes amusans d'astronomie et de sphère, suivis de leurs solutions, trad. de l'anglais, *s. n. Paris*, 1825, in-12, dem.-rel. v.

1844. Ptolomée. Hypothèses et époques des planètes de Ptolémée, traduites par l'abbé Halma. *Paris*, 1820, in-4, br.

1845. — Traité de géographie de Claude Ptolémée d'Alexandrie, traduit pour la première fois du grec en français par l'abbé Halma. *Paris*. 1828, fig., in-4, br.

1846. Puoti (Cesare). Trattato de solidi ordinati o regolari de solidi, che saran detti innominati di quelli che si diranno di seconda operazione. *In Napoli*, 1801, in-8, dem.-rel.

1847. Quinet de Certines. Théorie de l'aimant appliquée aux déclinaisons et inclinaisons de l'aiguille de boussole et démontrée par la trigonométrie sphérique, *Paris*, 1809, in-4, br.

1848. Swinden. Positiones physicæ quas annuo labore in scholis privatis explicat J. H. Van Swinden. *Hardebovici-Gebrorum*, 1786, 2 vol. in-8, fig., cart.

1849. Philosophiæ mathematiæ newtonianæ illustratæ tomi duo, a Georg. Pet. Domckio. *Londini*, 1730, 2 parties en 1 vol. in-8, fig., br.

1850. Rabuel (Claude). Commentaire sur la Géométrie de Descartes. *Lyon*, 1730, in-4, fig., rel. v.

1851. Ranieri (Gerbi) Elementi di fisica. *Pisa*, 1818, 3 vol. in-8, fig., dem.-rel.

1852. *Recueil d'ouvrages*: Annuli cum sphærici tum mathematici usus et structura, opera D. Burchardi Mithobii Geapolitani. *Apud Marpurgum in Hessia*, 1536, non paginé, fig. —Theoricæ novæ planetarum Georgii Purbachij. *Vitebergæ*, 1535, fig.—Procli Sphæra. *Parisiis*, 1534.— Elementale geometricum, ex Euclidis Geometria, a Joanne Vœgelin. *Parisiis, Christ. Wechel*, 1534, fig.—Joannis Martini Poblacion de usu astrolabii compendium. *Apud Nicolaum Savetier*, 1527, 19 feuillets, in-12, fig., cart.

    Recueil d'ouvrages peu recherchés, mais assurément de toute rareté et même introuvables. Les éditions de *Procli Sphera* indiquees au *Manuel* n'ont pas une aussi ancienne date.

1853. *Recueil de pièces:* Commercium epistolicum D. Johannis Collins et aliorum de analysi promotu. *Londini,* 1722, in-8. — An essay on the usefulness of mathematical Learning (by Dr Gregory). *Oxford,* 1701. — Trigonometriæ planæ et sphæricæ elementa (auth. Joan. Keil). *Oxoniæ,* 1715. fig., in-8, rel. v.

  Recueil d'un grand prix et contenant des pièces fort importantes pour l'histoire d'une des plus belles découvertes de l'esprit humain.

1854. — Principes d'astronomie sphérique, ou Traité complet de trigonométrie sphérique, par Mauduit *Paris,* 1765, in-8. — Recherches sur la gnomonique, les rétrogradations des planètes et les éclipses de soleil (par Dionis du Séjour et Goudin). *Paris,* 1761, in-8. — Tabulæ solares domini La Caille, et lunares Tobiæ Mayer. *Vindobonæ,* 1763.

  Collection formée par J.-A.-J. Cousin, professeur au collége de France, mort sénateur en 1800.

1855. — Johannis Wallisii tractatus duo : de Cycloïde, de Cissoïde et Curvarum. *Oxoniæ,* 1659.—Phil. de la Hire. de Cycloïde.—Christ. Hugenii, de Circuli magnitudine inventa. *Lugduni-Batavorum, apud Johannem et Danielem Elzevier,* 1654. — Christ. Hugenii Theoremata de Quadratura hyperbolis, ellipsis et circuli. *Lugd.-Batav., ex officina Elzeviriana,* 1651.

  Recueil de pièces fort rares, dont deux sortent des presses des Elzevirs et sont peu connue..

1856. Recueil de problèmes, résolus par des considérations purement géométriques (par de Stainville). *Paris,* 1809, in-8, fig., dem.-rel.

  De Stainville, répétiteur à l'école polytechnique , est mort fou.

1857. Reynaud. Application de l'algèbre à la géométrie. *Paris,* 1819, in-8, br.

1858. Reynaud (A.-L.). Trigonométrie rectiligne et sphérique, suivie des Tables de logarithmes de La Lande. *Paris,* 1818, in-18, fig., rel. bas.

1859. Riccati (Vincenzo). Dialogo dove ne' congressi di piu' giornate delle forze vive e dell' azioni delle forze morte. *Bologna,* 1749, in-4, fig., rel. v.

1860. Richard (T.). Manuel d'applications mathématiques usuelles et amusantes. *Paris,* 1828, in-18, dem.-rel.

1861. Ringuelet (Ph.). Système métrique mis à la portée de toutes les intelligences. *Châlon-sur-Saône,* 1843, in-8, dem.-rel.

1862. Ritt (Georges). Problèmes d'algèbre et Exercices de calcul algébrique. *Paris, Hachette,* 1842, in-8, fig., dem.-rel.

1863. — Problèmes d'application de l'algèbre à la géométrie. *Paris,* 1837, in-8. fig., dem.-rel.

1864. — Problèmes d'application de l'algèbre à la géométrie. 1836-37, 2 part. in-8, br.

1865. Rivard. La Gnomonique, ou l'Art de faire des cadrans. *Paris,* 1767, in-8, fi ., rel. v.

1866. — La Gnomonique, ou l'Art de faire des cadrans. *Paris,* 1767, in-8, fig., rel. v.

1867. Robillard. Application de la géométrie ordinaire et du calcul différentiel et intégral. *Paris,* 1753, in-4, fig., rel. v.

1868. Rohault. Œuvres posthumes. *La Haye,* M.DC.XC, 2 vol. in-12, fig., rel. v. fat.

1869. Rohaulti (Jacobi) Physica, latine vertit, recensuit et adnotationibus Isaaci Newtoni ornavit Samuel Clarke. *Londini,* 1718, in-8, fig., rel. v.

1870. Rosay (Séb.-Louis). Arithmétique de commerce. *Lyon*, 1814, in-8, br.—Même ouvrage, même édition.

1871. Roux (L'abbé Raymond). Leçons élémentaires de calcul infinité-simal. *Paris*, 1784, in-8, dem.-rel.

1872. Ruard. La Gnomonique, ou l'Art de faire des cadrans. *Paris*, 1767, in-8, fig., br.

1873. Ruelle. Calendrier solaire perpétuel et universel. *Paris*, 1789, in-12, rel. v.

1874. Saint-Marcel (Le R. P. Toussaint de). Usage d'un compas de proportion à quatre boîtes. *Paris*, 1783, in-8, fig., rel. v.

1875. Saladini (Girol.). Compendio d'Analisi. *In Bologna*, 1775, in-4, cart., non rog.

> Très-beau portrait de Ferdinand IV, roi de Jérusalem et de Sicile. C'est ce même Saladini qui a publié l'*Instituzioni analitiche de Riccati*, dont nous joignons à ce numéro un volume dépareillé. *Bologne*, 1776, in-4. Ouvrage tres-recherché.

1876. Salimbeni (Leonzardo). Richerche sull' equazioni di terzo grado. *In Verona*, 1782, pet. in-4, fig., cart., n. rog.

1877. Saunderson. Elémens d'algèbre, trad. de l'anglois par de Joncourt. *Paris*, 1756, 2 vol. in-4, rel. v.

1878. Sauri (L'abbé). Cours de physique expérimentale et théorique. *Paris*, 1777, 4 vol. in-12, fig., rel. bas.

1879. — Cours complet de mathématiques. *Paris*, 1778, 5 vol. in-8, fig., rel. v.

1880. Saverien. Dictionnaire universel de mathématique et de physique. *Paris*, 1753, 2 vol. in-4, fig., rel. v.

1881. Scientiæ eclipsium commercio Sinarum illustrata pars quarta, ordo doctrinæ de quibusvis eclipsibus prædicendis, observandis, auctus præsertim novis tabulis astronomicis P. Melchioris a Briga. *Lucæ*, MDCCXLVII, in-4, fig., br.

1882. Suret-Conzalès. Traité élémentaire d'arithmétique. *Paris*, 1828, in 8, rel. v., d. s. t.

> Très-bel exemplaire.

1883. Seguin l'aîné (C.). Tables des quarrés et des cubes et de leurs racines, représentées par les nombres naturels, depuis 1 jusqu'à 10,000. *Paris, Didot*, 1801, in-8, dem.-rel.

1884. Séjour (D. du). Essai sur les phénomènes relatifs aux disparitions périodiques de l'anneau de Saturne. *Paris*, 1776, in-8, fig,, rel. v.

1885. — Essai sur les comètes en général et particulièrement sur celles qui peuvent approcher de l'orbite de la terre. *Paris*, 1775, in-8, rel. v.

1886. Sherwin's. Mathematical Tables, revised and corrected by Willliam Gardiner. *London*, 1742, in-8, rel. bas.

1887. Sigorgue. Institutions Newtoniennes, *Paris*, 1769, in-8, fig. rel. v.

1888. Simpson (Thomas). Cours élémentaire de mathématiques : Eléments de géométrie, trad. de l'anglois. *Paris*, 1771, 2 vol. in-8, fig., rel. v. m.

1889. — Essays on several curious and useful subjects in speculative and mix'd mathematics, by Thomas Simpson. *London*, 1740. in-4, br.

1890. — Select exercices for young proficients in the mathematics. *London*, 1752, 2.vol. in-8, rel. bas.

> Provenant de de La Lande.

1891. Elements of plane geometry. *London*, 1747, in-8, fig., rel. bas.

1892. — The Doctrine of annuities and reversions. *London*, 1742, in-8, cart., n. rog.

1893. Simson (Robert). The Elements of Euclid. viz the first six books. *London*, 1814, in-8, fig., rel. bas.

1894. Smeaton (John). Experimental inquiry concerning the natural powers of Wind and Water to turn mills and other machines depending on a circular motion. *London*, 1796, in-8, fig., cart.
> Voir sur cet ouvrage l'article *Smeaton* de M. de Prony, dans la *Biographie universelle*, t. XLII, p. 463 et suivante.

1895. Smith (Rob.). Harmonics of the philosophy of musical sounds. *London*, 1759, in-8, fig., rel. bas.

1896. — Cours complet d'optique, trad. de l'anglois (par Pezenas). *Avignon*, 1767, 2 vol. in-4, fig., rel. v.

1897. Sniadecki (Jean). Discours sur Nicolas Kopernick. *Paris*, 1820, in-8, br.

1898. Sonnet (H.). Premiers Éléments de mécanique appliquée. *Paris*, 1843, in-12, pl., dem.-rel. v.

1899. Sorge-Juan (D.). Examen maritime, théorique et pratique, ou Traité de méchanique appliquée à la construction et à la manœuvre des vaisseaux et autres bâtiments; trad. de l'espagnol par Levêque. *Nantes*, 1783, 2 vol. in-4, fig., dem.-rel. v.

1900. Stanley (Thomas). Historia philosophiæ, ex anglico sermone in latinum translata, emendata et aucta (a G. Oleario). *Lipsiæ*, 1711, in-4, vélin.

1901. Stengelii (Jo. Peterson), Gnomonica universalis. *Francofurti et Lipsiæ*, 1755, in-12, fig., dem.-rel.
> Ouvrage curieux et orné d'une grande quantité de figures. Voir *Bibl. astr.* de La Lande, p. 293.

1902. Stewart (Matth.). Propositiones geometricæ more veterum demonstratæ. *Edinburgi*, 1763, in-8, cart.
> Excellent ouvrage, qui n'a malheureusement jamais été traduit enfrançais. (Voir Carnot, *Géom. de position.*)

1903. Stockler. Lettre à M. le rédacteur du *Monthly review*, ou Réponse aux objections qu'on a faites dans ce journal à la méthode des limites des fluxions hypothétiques. *Lisbonne*, 1800, in-8, dem.-rel.

1904. Sermo de Parallaxi cælestium corporum, sive de via ad distantias et magnitudines eorum definiendas apud astronomos celeberrima habitus ab A. N. Grischow. *Petroburgi*, M.DCCLV, in-4, fig., br.

1905. Tavole Trigonometriche, edizione accuratissima, con una introduzione di trigonometria piana et sferica. *In Padova*, 1769, in-4, fig., br.

1906. Tedenat. Leçons élémentaires de mathématiques. *Rodez et Paris*, 1801, 2 vol. in-8, dem.-rel. v. vert.

1907. Terquem. Manuel de mécanique. *Paris, Roret*, 1828, in-18, fig., dem.-rel.

1909. Théorie et pratique des longitudes en mer (par M. de Charnieres). *Paris, Imp. Roy.*, 1772, in-8, fig., rel. v.

1910. Théorie du mouvement de l'eau dans les vases, s. n. (Mme de Lorancey?). *Paris*, 1830, in-4, br.

1911. Thomin. Traité d'optique mécanique. *Paris*, 1749, in-8, rel. v.

1912. Thury (Casimir de). Description d'un instrument pour prendre hauteur et pour trouver l'heure vraie sans aucun calcul. *Paris*, in-4, br.

1913. Tisserand. Traité d'arithmétique algébrique. *Paris*, 1827, in-8, dem.-rel.

1914. Tomasini (J.-And.). De maximis et minimis ad instituliones geometricas accommodatis. *Pisis*, 1774, pet. in-4, fig., cart., n. rog.

1915. Trabaud. Le Mouvement de la lumière, ou Premiers Principes d'optique. *Paris*, 1753, in-8, fig., rel. v. — Le Mouvement des corps célestes, ou Premiers Principes d'astronomie. *Paris*, in-8, dem.-rel. v.

1916. Traité d'optique, où l'on donne la théorie de la lumière dans le système newtonien, avec de nouvelles solutions des principaux problèmes de dioptrique et de catoptrique, s. n. *Paris*, 1752, pet. in-4, fig., rel. v.

1917. Traité élémentaire d'algèbre, de Bonnyclastle, *en anglais*. 2 autres vol., *id.*, in-12.

1918. Traité des Courbes algébriques (par MM. Dionis du Séjour et Goudin). *Paris*, 1756, in-12, fig., rel. v.

1919. Tremblry (Jean). Essai de trigonométrie sphérique. *Neuchatel*. 1783, in-8, fig., br.

> Traité rempli de science et où l'on trouve l'élégance réunie à la clarté et à la simplicité; cependant ce traité ne paraît pas avoir eu de succes.

1920. Trigonometria di fedele amante. *Napoli*, 1839, pet. in-4, fig., dem.-rel.

1921. Vallejo (Jos. Mar.). Compendio de mecanica practica. *Madrid*, 1815, in-12, fig., rel. fat.

1922. Varignon. Eclaircissemens sur l'analyse des infiniment petits. *Paris*, 1725, in-4, fig., rel. v.

1923. — Nouvelle Mécanique ou Statique, ouvrage posthume. *Paris*, 1725, 2 vol. in-4, fig., rel. v.

> Bel exemplaire.

1924. Venturoli (Giuseppe). Elements of the theory of mecanics translated from the Italia by D. Creswell. *Cambridge*, 1822, gr. in-8, fig., cart.

1925. Ver,javen (J.-J.). L'art de lever les plans. *Paris*, 1811, in-8, fig., br.

1926. Viribus centralibus (De) quibus corpora per sectiones conicas volveuntur, centro virium in foco manenti, etc. (François-Marie Zacotti). *Bononiæ*, 1762, in-4, fig. cart.

1927. Virorum celeberr. Got. Gul. Leibnitii et Johan. Bernoullii commercium philosophicum et mathematicum. *Lausannæ et Genevæ*, 1745, 2 vol. in-4, fig., rel. v.

> Exemplaire ayant appartenu au célèbre astronome De Lambre. (Voy. le no 218 du *Catalogue* de sa bibliothèque.)

1928. Vlacq (Adriani) Tabulæ sinuum, tangentium et secantium, et logarithmorum, etc. *Francofurti*, 1790, in-8, cart.

1929. Voellus (Joan.). De horologiis sciothericis facile describendis libri tres. *Turnoni*, 1608. — Scolia autoris de horologiis, fig.

> Les curieuses figures de ce livre raie lui donnent quelque prix.

1930. Vyde (Charles). Complete system of arithmetic, with various branches in the mathematics. *London*, 1810, in-12, rel. bas.

1931. Ward (Jean). Le Guide des jeunes mathématiciens, ou Abrégé des mathématiques, trad. de l'anglois par le R. P. Pezenas. *Paris*, 1759, in-8.

1932. — The Posthumous Works of Mr John Ward, author of the young mathematician's Guide. *London*, 1730, in-8, rel. bas.

> Estampille de M. le chevalier de Fleurieu.

1933. Watkins (C. T.). The portable cyclopædia, or compendious Dictionary of all arts and sciences. *London*, 1820, rel. bas.

1934. WEIDLERI (Jo.-Frider.) Institutiones matheseos. *Lipsiæ*, 1784, in 8, fig., rel. v. éc., tr. d.

1935. WRIGHT (S.-M.-F.). A supplement to Wood's algebra. *Cambridge*, 1831, in-8, cart. toile, n. rog.

1936. WOLF (Ch.). Cours de mathématiques. *Paris*, 1747, 2 vol. in 8, fig., v. br.

1937. WOLFII (Christiani) Elementa matheseos universæ. Editio nova priori multo auctior et correctior. *Genevæ*, 1732-41, 5 vol. in-4, fig., portr., rel. v.

1938. WOOD (James). The Elements of algebra. *Cambridge*, 1820, in-8, dem.-rel.

1939. — The Principles of mechanics. *Cambridge*, 1812, in-8, fig , rel. bas.

1940. — The Elements of algebra. *Cambridge*, 1810, in-8, rel. bas.

1941. WOODHOUSE (Robert). A Treatise on plane and spherical trigonometry. *Cambridge*, 18 3, in-8.

1942. WRIGHT (S.-M.-F.) Mathematical Repository, comprising illustrations and examples in every branch of the mathematics. *Cambridge*, 1830, in 8, fig., cart. toile non rogn.

    Tome I, seul.

1943. XIMENES (Leonardo). Sei primi elementi della geometria piana. *Venzcia*, 1752, in-8, fig., br.

N. B. A la fin de la dernière vacation, il sera vendu, EN LOTS, environ 500 VOLUMES sur les *Sciences*, la *Littérature* et l'*Histoire*.

TABLE DES DIVISIONS

Paris. — Imprimerie Jules Bonaventure, quai des Grands-Augustins, 55.

www.ingramcontent.com/pod-product-compliance
Ingram Content Group UK Ltd.
Pitfield, Milton Keynes, MK11 3LW, UK
UKHW021625170726
13836UKWH00005B/2062